이제는 피할 수 없는
메타버스 성교육

챗GPT와 메타버스 시대에 맞는 성교육의 새로운 패러다임

이제는 피할 수 없는 메타버스 성교육

초판 1쇄 발행 2023년 6월 5일
초판 2쇄 발행 2023년 6월 12일

지은이 김민영 이석원

발행인 백유미 조영석

발행처 (주)라온아시아
주소 서울특별시 서초구 효령로 34길 4, 프린스효령빌딩 5F

등록 2016년 7월 5일 제 2016-000141호
전화 070-7600-8230　　**팩스** 070-4754-2473

값 17,000원
ISBN 979-11-6958-067-0 (03370)

라온북은 독자 여러분의 소중한 원고를 기다리고 있습니다. (raonbook@raonasia.co.kr)

이제는 피할 수 없는
메타버스 성교육

챗GPT와 메타버스 시대에 맞는
성교육의 새로운 패러다임

김민영
이석원
지음

RAON
BOOK

개인의 운명은
시대의 운명을
거스르지 못한다

메타버스 성교육은 진짜 신세계였습니다. 막막했던 아이 성교육도 해결되고, 아이와 눈을 보며 친근하게 대화하고 있어요.

- 초5 양육자

성교육이라면 늘 지루하고 어렵다고만 생각했습니다. 아이가 메타버스 이프랜드에서 메타버스 성교육을 듣더니 너무 유익하고 좋았다고 방방 뛰어다녀요.

- 중1 양육자

단순히 성교육 교양서적이 아니라 이건 부모들, 아니 청소년과 관련 있는 성인들이라면 무조건 읽어야 할 필독서입니다.

- 청소년진흥원 담당자

2022년에 출간한 《지금 해야 늦지 않는 메타버스 성교육》(라온북)을 읽고 전국의 양육자와 교육 담당자들이 명품 책이라며 해변의 모래와 같이 많은 응원 후기를 보내주었다. 이 책은 전 세계 최초로 메타버스와 성교육을 유기적으로 엮은 책이었다. "그동안 나왔던 성교육 책과는 차원이 달라요"라고 극찬을 해주신 분들도 많았다.

　무엇보다 양육자들이 가진 아이의 성에 관한 고민과 문제 해결에 도움이 되어 뿌듯했다. 일반인뿐만 아니라 각계각층의 전문가들도 모여 이 책을 가지고 스터디와 연구를 했다.

　지금 이 책을 읽는 분은 아마도 지금 아이에게 성교육을 하고 싶거나 고민이 있는 분이라고 생각한다. 성교육을 막상 하고 싶은데, 시도조차 하는 게 어려워 이 책을 골랐을 것이다. 그동안 수십만 명의 양육자들을 만나며 들었던 말이기에 그 심정이 충분히 이해가 간다. 자주스쿨은 비슷한 고민을 하거나 어려워했던 분들의 문제를 수없이 해결해 왔다. 이 책은 분명 여러분이 가진 어려움과 걱정을 속 시원하게 해결해 줄 거라 20,000퍼센트 자신한다.

메타버스 성교육에 관한 두 번째 책을 집필하다

　메타버스 성교육 책을 출간하고 전국을 돌아다니며 수백 회기의 강의를 진행했다. 현장에서 성교육을 하며 디지털 세상의 흐름이 더 빠르면 빨라졌지 멈출 수 없다는 것을 피부로 느꼈다. 이제 사람들은 영상을 가로가 아닌 세로 '숏폼'을 통해 순식간에 접하고 있다. 이와 동시에 언제, 어디서나, 심지어 집안 방구석에서도 끝없이 성표현물과 성폭력에 노출되고 있다.

자주스쿨은 다시 깊은 고민에 빠지게 되었다. 이전보다 성교육도 활발해지고 성교육에 관한 양육자들의 관심도 무척 늘었다. 그런데 왜 이렇게 성범죄는 점점 증가하고 악랄해질까? 이 문제를 해결할 본질적인 방법은 무엇일까? 어떻게 하면 아이들이 사는 세상을 좀 더 안전하고 행복하게 할 수 있을까? 이에 대해 끝없이 고민하고 연구했다.

우리와 같은 고민을 하는 양육자들에게 한 줄기 희망과 해결책을 전하고자 이번 책을 쓰게 되었다. 지난 책에서는 메타버스 세상에 대한 전반적인 파악, 메타버스 시대에 맞는 성교육 방법에 대해 전했다. 이번 책에서는 이 문제를 종합적으로 해결할 방법과 대안을 여러 방면으로 제시했다. 결국 전문가로서 가장 중요한 역할은 '문제 해결'에 있다고 보았기 때문이다.

세상이 빛보다 더 빠르게 변하고 있다. 디지털 이주민인 양육자가 디지털 원주민인 아이들의 속도를 따라가기에는 역부족이다. 그래서 전문가의 도움이 반드시 필요하다.

개인의 운명은 시대의 운명을 거스르지 못한다

개인의 힘과 노력만으로 메타버스 시대를 준비하고 대비할 수 있을까? 그건 불가능하다고 확신한다. 현재 한국에서 이름만 들어도 모두가 아는 세계적인 스타가 있다. 바로 축구선수 '손흥민'과 피겨스케이팅 선수 '김연아'다. 나는 두 선수가 타고난 재능뿐만 아니라 철저한 자기 관리와 노력으로 세계적인 선수가 되었다고 확신한다.

그런데 만약 두 선수가 조선시대에 태어났으면 어떻게 되었을까? 지금과 같이 세계적인 스타가 될 수 있었을까? 그렇지 않을 것이다. 지금처럼 고도로 연결되고 발전된 세상이 아니었기 때문이다. 물론 열심히 노력하며 뛰어난 기량을 갖췄기에 어떤 일이든 여러 방면에서 잘했을 것이지만, 아무리 잘해도 국내뿐이다. 통신이 발전되지 않아 국내에서도 대부분의 사람은 알지 못했을 것이다.

개인이 아무리 탁월한 재능과 출중한 능력을 갖췄어도 시대를 타고나지 못했다면 운명을 천지개벽처럼 바꾸는 것은 힘들다. 개인의 운명을 절대 바꿀 수 없다는 게 아니다. 그보다 훨씬 더 큰 시대의 운명과 운이 함께 따라야 한다는 것이다.

코로나19 이후 거대한 격변의 시대가 왔다. 바로 메타버스다. 다가오는 메타버스 시대는 개인이 절대 바꿀 수 없는 시대의 운명이다. 현재 우리가 한 몸처럼 사용하는 스마트폰을 보자.

2007년 처음 아이폰이 나왔을 때 '누가 이런 여러 기능이 있는 짬뽕 핸드폰을 써?'라고 생각했다. 그러나 현재 한국의 스마트폰 보급률은 95%다. 우리 모두 손안에 작은 컴퓨터를 들고 다니고 있다. 이제 우리는 스마트폰을 사용하지 않는 세상을 생각할 수 없다. 한마디로 '다시 이전으로 돌아가지 않는다는 것이다.'

스마트폰은 인류에게 많은 혜택을 주었지만, 혜택만큼이나 스마트폰이 초래한 문제는 셀 수 없이 많다. 메타버스도 마찬가지다. 전문가들은 메타버스를 '디지털 현실'이라고 표현한다. 이 디지털 현실은 우리 주변 곳곳에 존재하며 인간을 대체하고 있다. 가게 안 주문 키오스크부터 시작해 조리 로봇, 서빙 로봇, 배달 로봇, 섹스 로봇까지 모든 것들이 하나씩 인간을 대체하고 있다. 메타버스는 우리의 생활 양식과 성문화를 변화시키고 있다. 이제 챗GPT의 등장으로 그 속도는 더 가속화될 것이다.

20세기 성교육 그만, 이제 21세기 성교육을 해야 한다

설마 아직도 과거처럼 "아기는 어떻게 생겨요?"라는 질문을 들으면 당황하는가. 이제 이런 20세기 질문에는 편하게 대답할 수 있어야 한다. 언제까지 생물학적 성만 이야기하고 있을 것인가. 이제 다음 단계로 움직여야 한다. 우리가 사는 21세기에는 이런 질문보다 다음 단계의 질문을 생각하고 대처해야 한다. 바로 지금 상황에 맞는 메타버스나 디지털 기기에 관한 질문 말이다.

아이들이 자유롭게 뛰어다니는 메타버스 세상에서도 성폭력이 일어나고 있다는 사실을 아는가? 각계각층의 전문가들이 미리 준비해야 한다고 말해왔고 이제 그 임계치를 넘었다. 코로나19는 우리 아이들의 성문화를 완전히 바꾸어 버렸다. 디지털, 메타버스 시대를 초가속화로 열어버린 것이다. 이제 가정이든 어디든 우리 아이들은 뒤죽박죽 성표현물에 노출되어 있다. 심지어 실시간 생방송으로 외설적인 섹스 방송을 하는 시대까지 왔다.

AI 중심의 전문 미디어인 〈AI타임스〉에 따르면 AI을 탑재한 리얼돌(여성의 신체를 본뜬 성인용품)로 인해 멀지 않아 '로봇과 동침하는 날'도 온다고 했다. 잡지나 비디오테이프를 통해 성을 접했던 시대에는 상상조차 할 수 없었던 일이다. 아이들이 방 안에서 성표현물을 봤다는 사례가 아닌 메타버스 세계에서 낯선 사람과 섹스를 하고 있다는 사례를 접할 수 있다.

이렇게 격변하는 시대에 당신과 당신 아이는 준비가 되어있는가? 전 세계의 성교육 판이 흔들리고 있다. 과거와 같은 성교육으로는 현재 알파 세대의 아이들에게 절대 제대로 된 성교육을 해줄 수 없다. 새로운 시대에 맞는 새로운 성교육 방법이 필요하다. 지금이 메타버스 성교육을 할 마지막 기회다.

메타버스 성교육에 관한 기본 안내서

이 책의 특징은 크게 세 가지다. 첫째, 메타버스 성교육에 대해 처음 접하거나 모르는 분들도 쉽게 이해할 수 있도록 집필했다. 둘째, 메타버스 성문화가 초래할 문제뿐만 아니라 유토피아를 제시하며 변화된 시대에 적응하며 살아갈 수 있는 긍정적 접근법과 여러 사례를 보여준다. 셋째, 성교육 로드맵을 통해 메타버스 시대에 맞는 새로운 패러다임을 제공한다. 그뿐만 아니라 메타버스 시대에 맞는 실전 성교육 방법을 구체적으로 제시한다.

1장에서는 메타버스에 대한 세계, 국내 관심과 기술 개발에 관해 설명한다. 이런 기술들이 우리들의 생활과 성문화에 어떤 영향을 미치는지 알아본다. 2장에서는 메타버스가 우리 아이들에게 초래하고 있는 심각한 성폭력을 낱낱이 파헤치고 고발한다.

3장에서는 메타버스 성문화 시대에 어떻게 우리 아이들에게 성교육을 하면 좋을지 구체적으로 안내한다. 틀에 박힌 성교육이 아닌, 트렌드에 맞는 현실적인 성교육 방법을 아낌없이 담았다. 4장에서는 사회와 어른들의 책임에 대해 알아본다. 메타버스 관련 법, 기업, 교육, 가정의 책임에 대해 언급하며 본질적인 해결 방법을 제시한다.

5장은 앞서 배웠던 것들을 구체적으로 적용하는 방법에 관해 상세하게 설명한다. 성교육 로드맵을 통해서는 자주스쿨만의 차별화된 성교육 방법을 한눈에 볼 수 있도록 안내한다. 6장에서는 아이와 함께하는 메타버스 시대 실전 성교육 노하우를 제공한다. 책, 영화, 체험관 등 다양한 활동과 체험을 통해 아이와 소통할 방법을 제시한다.

이 책은《지금 해야 늦지 않는 메타버스 성교육》과 같이 메타버스와 성교육을 연결한 책이라 그동안 나왔던 다른 성교육 책과 엄연히 다르다. 이 책에 나오는 내용을 실생활에 적용하기 전, 기본적인 성지식과 성교육 방법이 탄탄하게 준비되어 있어야 한다. 기본적인 성지식과 성교육 방법을 알고 싶다면, 먼저 출간된《세상 쉬운 우리 아이 성교육》,《아들아 성교육 하자》,《딸아 성교육 하자》를 꼭 읽어보길 바란다.

준비에 성공하는 것은, 성공을 준비하는 것이다

우리 아이들이 사는 세상이 안전하고 행복하려면 어떻게 해야 할까? 개인뿐만 아니라 전문가, 기관, 기업, 사회까지 종합적인 연대와 협력이 필요하다.

더본코리아 백종원 대표는 죽어가는 지역 활성화를 위해 지역 시장에 뛰어들어 엄청난 변화와 성장을 일으켰다. 충남 예산군과 더본코리아가 협약을 맺고 추진하는 '예산형 구도심 지역 상생 프로젝트' 사업이다. 그 변화는 기업, 기관, 지역 상인, 주민 등 수많은 연대와 협력이 있었기에 가능했다.

성교육도 마찬가지라고 생각한다. 양육자에게만 그 모든 책임을 전가해서는 안 된다. 가정, 학교, 기관, 기업, 사회 등 모든 곳에서 연대하고 상호작용하며 준비해야 한다. 성교육은 그 사회의 인식과 문화를 바꾸고 나아가서 '생명을 살리는 일'이다. 그러므로 이 사회의 모든 어른의 인식 변화와 행동이 더욱 필요하다.

이번 책에서는 사회와 어른의 책임에 대해 한 챕터를 할당해 집필했다. 함께 연대하기 위해서는 성교육이 국영수처럼 아주 당연한 교육이 되어야 한다. 이제 양육자들도 홀로 성교육하기보다 각계각층의 전문가와 협력을 통해 나아가는 것이 훨씬 더 수월하다.

자주스쿨의 비전은 성교육이 '당연한' 문화를 만드는 것이다. 이 책을 통해 모든 양육자가 아이와 성을 주제로 편하게 대화하고, 가족 모두가 당연하고 건강한 성인식을 갖기를 바란다. 나아가 우리 사회 모두가 성교육을 '당연한' 교육이라고 받아들일 수 있기를 기대한다.

무분별한 성적 자극과 심각한 성범죄에서 우리 아이들을 보호하고 분별력 있게 판단하는 힘을 길러줄 방법은 단연코 성교육밖에 없다. 이 상황을 해결할 방법은 오직 반복적이고 지속적인 성교육뿐이라는 뜻이다.

미국의 정치인이자 건국의 아버지 중 한 명인 벤저민 프랭클린은 이렇게 말했다.

"준비에 실패하는 것은, 실패를 준비하는 것이다."

우리는 바꿔 말하고 싶다. "준비에 성공하는 것은, 성공을 준비하는 것이다." 다가오는 메타버스 시대를 미리 준비하고 공부해 성교육에 성공하는 현명한 양육자들이 되길 진심으로 바란다. 이 책이 행복한 가정과 사회에 기여할 수 있는 길라잡이가 되길 소망한다. 이제 그 행복한 여정을 시작해 보자!

김민영, 이석원

차 례

1부
메타버스가 침투한 우리의 일상

1장

우리는 이미 메타버스와 함께 살고 있다

2부
메타버스와 성문화, 올바른 관심을 가져라

3장
메타버스 성문화의 유토피아, 가능한 이야기

3부
메타버스 성문화 교육, 바로 시작하라!

5장

성교육은 이벤트가 아닌 일상이다

6장

아이와 함께하는 메타버스 시대의 실전 성교육

1부

메타버스가 침투한
우리의 일상

1장

—

우리는 이미
메타버스와
함께 살고 있다

메타버스에 대한
세계적 관심

현재 어디를 가든 메타버스 이야기가 나온다. 사회, 정치, 경제, 교육 등 메타버스와 연관되지 않은 곳이 없다. 하도 메타버스, 메타버스 하니 어떤 사람은 이렇게 말한다. "아, 메타버스 진짜 지겨워! 말만 메타버스지 하나도 보여주는 게 없는데 왜 이리 자꾸 메타버스래? 딱 봐도 시기상조 같은데. 메타(구 페이스북) 주가는 폭락해서 지금 망해가잖아. 다들 허무맹랑한 이야기만 하네."

메타버스를 단순히 가상 세계로만 생각하고 현실 세계와 동떨어진 허구 세계나 게임으로 보기도 한다. 정작 눈앞에 보이지 않기에 아직 도래하지 않았다고 생각하기 때문이다. 앞으로 메타버스 세상은 오지 않을 거라 믿기도 한다. 하지만 그건 큰 착각이다. 메타버스에 대해 잘 몰라서 드는 생각이다.

메타버스를 '가상'으로만 보면 안 되는 이유

단순히 메타버스를 '가상(假想)'으로만 보면 안 된다. 우리가 지금 말하는 가상 세계는 메타버스의 하위 범주일 뿐이다. 메타버스 전문가들의 말에 따르면 디지털 공간에서 일상을 공유하거나, 일상에 디지털 기술을 활용하는 것 모두가 메타버스의 범주에 들어간다. 굳이 VR, AR 장비를 착용한다거나, 디지털 플랫폼을 통해서 구현된 세계만이 메타버스가 아니다. 《메타버스》(플랜비디자인, 2020)의 저자 김상균 교수는 메타버스를 '디지털 현실'이라고 표현했다. 메타버스는 단순히 가상현실이 아닌, 디지털 속 새로운 현실인 것이다.

지하철을 타고 사람들이 무엇을 하고 있는지 한번 살펴보자. 우리의 몸은 지하철 의자 위에 있으나, 정신과 의지는 온전히 스마트폰 세상에 있다. 디지털 현실에서 끝없이 소통해 새로운 세상을 구축해 가고 있는 것이다.

이제 우리는 연락, 일, 은행 업무, 쇼핑, 방송, 교육까지 뇌에서 어떤 일이 떠오르더라도 본능처럼 스마트폰부터 연다. 하루에 일어나는 대부분의 일을 폰을 통해 해결하며 살아간다. 2022년 데이터센터 화재로 인한 카카오 서비스 장애 사건이 초래했던 엄청난 불편함과 혼란을 떠올려보면 명확히 알 수 있을 것이다.

사실은 스마트폰 안 세상이 넓은 개념의 메타버스다. 지금 우리는 하루 수백 번 디지털 현실을 오고 가고 있다. 이 안에서 모든 생활을 누리고 있기 때문에 앞다투어 세계 글로벌 기업들이 메타버스에 관심을 가지고 있는 것이다.

메타버스에 대한 글로벌 기업들의 관심과 변화

기업들은 항상 변화되는 사회에 민감하게 반응하고 가장 앞서 준비한다. 현재 글로벌 10대 기업 중 여덟 개 기업이 메타버스에 투자하고 개발하고 있다. 메타, 애플, 마이크로소프트(MS), 알파벳(구글) 등 시가총액이 수천조 원에 달하는 세계 최고 기업들도 메타버스 생태계 구축과 개발에 큰 투자를 이어가고 있다.

메타는 사명 변경 후 메타버스 분야에 100억 달러(한화로 13조 원 이상)를 쏟아붓고 개발 중이다. 메타버스 플랫폼인 '호라이즌 월드'(Horizon Worlds)을 개발해 이를 이용한 가상공간을 제공하고 있다. 마이크로소프트도 2021년 메타버스 기술과 콘텐츠 개발을 위해 약 1조 2,000억 원(9억 달러)을 투자할 계획을 발표했다. 이 투자는 앞으로 5년간 진행될 예정으로, 메타버스 산업에 대한 마이크로소프트의 열정과 비전을 보여준다. 마이크로소프트의 화상회의 플랫폼인 팀즈(Teams)에 혼합현실(Mixed Reality, MR) 플랫폼인 메시(Mesh)를 통합해 팀즈의 채팅 및 회의 앱에 메타버스를 도입할 예정이다.

애플은 공식적으로 메타버스에 대한 언급을 하지 않는다. 하지만 메타버스와 관련된 AR/VR 기술 분야에서는 매우 강력한 기업이다. 애플은 이르면 2023년 안에 확장현실(XR, 증강현실과 가상현실 분야를 통틀어 일컫는 말) 헤드셋 '리얼리티 프로'를 처음으로 공개한 뒤 연말 또는 다음 해 초부터 정식 판매를 시작한다고 밝혔다. 애플의 헤드셋은 두 종류의 콘텐츠를 모두 실행할 수 있는 고글 형태의 제품이 될 가능성이 크다.

위에 설명한 기업뿐만 아니라 구글, 로블록스, 엔비디아, 알리바바, 아마존, 삼성, 현대 등 다양한 글로벌 기업들이 메타버스에 관심을 가지고 투자하고 있다. 또한 메타버스와 관련된 기술 및 서비스를 제공하는 스타트업들도 빠르게 성장하고 있다. 이러한 세계적인 관심은 메타버스가 기존의 가상공간과는 다른 차

| 전 세계 메타버스 시장 규모 전망 |

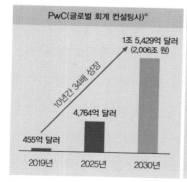

* 자료 출처: 한국경제, 2021. 5. 18. '글로벌 1700조 시장 잡아라' …한국 '메타버스 드림팀' 떴다
(https://www.hankyung.com/it/article/2021051866621)
** 자료 출처: 과학기술정책연구원, 메타버스 가상세계 생태계의 진화전망과 혁신전략(STEPI
Insight 제284호), 2021. 12. 22.

원의 경험을 제공하며, 새로운 경제와 문화를 창출할 수 있는 가능성이 있기 때문이다.

글로벌 컨설팅 기업 프라이스워터하우스쿠퍼스(PwC)는 2020년 957억 달러(약 124조 원)이던 메타버스 시장 규모가 2030년 1조 5,429억 달러(약 2,000조 원)까지 성장할 것으로 전망했다.

챗GPT의 등장, 메타버스의 세계는 더욱 가속화된다

2022년 11월 세상을 떠들썩하게 만든 AI 챗봇이 세상에 출시되었다. 바로 오픈AI가 만든 챗GPT다.

챗GPT는 사용자가 대화창에 텍스트를 입력하면 그에 맞춰 대화를 함께 나누는 서비스다. 공개한 지 두 달 만에 가입자가 1억 명을 돌파하며 돌풍을 일으키기 시작했다. 질문에 대한 답변은 물론 논문 작성, 번역, 노래 작사·작곡, 코딩 작업 등 광범위한 분야의 업무 수행까지 가능하다는 점에서 기존 AI와는 확연히 다른 면모를 보였다.

챗GPT는 메타버스 시대를 더욱 가속화시키고 막강하게 만들 것이다. 여러 관점에서 살펴봤을 때 메타버스와 긴밀하게 연결되며 상호작용을 하기 때문이다. 이에 대해 알아보자.

메타버스에서 AI 캐릭터를 구현하며 의사소통하는 데 사용될 수 있다

챗GPT는 자연어처리 기술을 기반으로 한 AI 기술로, 메타버스 내에서의 대화 시나리오와 상호작용을 가능하게 한다. 즉 메타버스 내에서 채팅 기능을 활용하거나, 가상 캐릭터와의 대화 시나리오 등에서 챗GPT를 활용할 수 있다. 그뿐만 아니라 챗GPT는 메타버스 내에서의 AI 캐릭터를 구현하는 데에도 사용될 수 있다. 예를 들어 메타버스 내에서 AI 기반 가상 캐릭터가 유저와 대화하거나, 유저의 행동에 반응하는 등의 역할을 할 수 있는데, 이때 챗GPT가 사용될 수 있다. 이를 통해 다양한 사용자와의 의사소통이 가능하다.

메타버스에서의 콘텐츠 제작에도 활용될 수 있다

메타버스 내에서 채팅 로봇이나 AI 캐릭터를 제작하는 데에 챗GPT가 사용될 수 있다. 이를 통해 메타버스에서 다양한 콘텐츠를 제작하고, 유저들의 상호작용을 촉진할 수 있다.

메타버스 내에서의 검색 역할도 수행할 수 있다

메타버스에서 유저가 원하는 정보를 찾거나, 상호작용을 위해 필요한 정보를 검색하는 데에 챗GPT가 활용될 수 있다. 이를 통해 유저들은 메타버스 내에서 더욱 쉽게 정보를 찾을 수 있으며, 더욱 원활한 상호작용을 할 수 있다.

이러한 방식으로 챗GPT는 메타버스 분야에서의 다양한 활용 가능성을 가지고 있다. 현재 학생부터 교수까지 다양한 분야의 사람들이 챗GPT를 광범위하게 활용하고 있다. 이렇게 우리는 또 메타버스라는 디지털 현실에 한 걸음 더 적응하며 살고 있다.

메타버스는 바꿀 수 없는 세계적인 흐름이자 트렌드다

아직 내 눈앞에 메타버스가 보이지 않는다고 메타버스가 없다고 생각하지 말자. 앞서 메타버스는 '디지털 현실'이라고 했다. 우리는 이미 메타버스의 세계 속에 사는 것이다. 새로운 현실에서 더 많은 이들과 더 편하게 어울리는 곳이 메타버스다.

현재 메타버스는 매우 빠르게 성장하는 산업으로, 다양한 기업뿐만 아니라 국가에서도 투자와 개발에 참여하고 있다. 이러한 추세는 앞으로도 지속될 것이고, 메타버스는 인터넷과 스마트폰과 같은 새로운 플랫폼으로 자리 잡을 것이다.

16년 전인 2007년, 아이폰이 처음 세상에 나왔다. 우리는 스마트폰이 우리 삶을 이렇게 혁명적으로 바꿀 거라 생각하지 못했다. 지금 인류는 포노사피엔스(스마트폰을 신체 일부처럼 사용하는 인류)가 되었다. 손안에 하나의 작은 컴퓨터를 들고 다니는 것이다. 스마트폰 덕분에 수많은 일을 쉽고 빠르게 처리할 수 있었다. 그러나 그 이면에는 스마트폰 중독, 외로움, 우울증, 성표현물 노출, 신종 범죄 증가 등 수많은 부작용을 겪고 있다.

　이제 또 한 번 인류를 바꿀 거대한 세상이 오고 있다. 바로 메타버스다. 이런 새로운 문물을 제대로 이해하고 준비하지 않으면 우리의 예상과 달리 엄청난 문제가 발생할 것이다. 메타버스 시대가 되면 전 세계적으로 자극적인 성 콘텐츠와 범죄들이 생겨날 것이다. 반드시 메타버스에 대해 먼저 공부하고 적응해 밝은 미래를 맞이할 수 있도록 지금부터 준비하고 뛰어야 한다.

메타버스에 대한
국내의 관심

2022년, 이 책을 기획했던 때부터 지금까지 1년이 채 지나지 않았지만, 세계뿐만 아니라 국내에서도 메타버스에 대한 인식 변화가 많이 일어났다. 그사이 정말 많은 메타버스 관련 책들이 나오고 콘텐츠들도 넘쳐난다. 새로운 전문가들이 등장하고 아이들도 더 다양한 방식으로 메타버스를 활용하고 있다.

사실 오래전부터 메타버스는 경제 흐름의 중심에 있었다. 교육이나 사회문화보다는 주식, 부동산, 비트코인과 같은 투자와 관련된 사람들이 메타버스에 대해 더 민감하게 반응했으니 말이다. 최근에는 교육이나 다른 분야에서도 메타버스를 활용한 사업 기획이나 진행이 활발해지고 있는 추세다.

세계적으로 메타버스에 대한 관심이 뜨거운 이 시기, 국내의 관심은 어느 정도일까?

국내에서는 작년부터 메타버스를 공식적인 국가사업의 주제로 사용하기 시작했다. 국가 자체에서 메타버스 관련 사업이나 기술, 전문가 양성을 위해 발 벗고 나섰다는 뜻이다. 국내 기업들의 움직임도 활발하다. 또한 기술 개발이나 적용 범위도 점점 확대되고 있다.

국내에서는 메타버스에 대해 어느 정도 관심이 있고 어떻게 사용하고 있는지 살펴보면, 앞으로 우리 아이들이 살아가야 할 미래의 사회적 흐름, 문화에 미치는 영향도 가늠할 수 있기 때문에 국내 시장을 살펴보는 것도 중요하다.

메타버스에 대한 기업의 관심

메타버스와 관련된 기술 개발이나 메타버스를 접목시킨 프로그램, 상품들이 나온 지는 꽤 오래되었다. 내비게이션이나 화상회의 프로그램으로 많이 쓰는 줌(ZOOM)도 메타버스의 한 유형인데 그런 것들을 우리가 언제부터 사용했는지 생각해 보면, 우리가 인식하지 못한 그 시기에도 메타버스는 우리 일상에 들어왔었음을 알 수 있다.

메타버스는 코로나19 팬데믹이 오면서 부스터를 달았다. 대면으로 만날 수 없고 일을 진행할 수 없는 상태가 되면서 비대면으로 일을 진행하고 관계를 유지해 나갈 수 있는 도구로 메타버스가 뜨기 시작했던 것이다. 전문가들은 코로나19가 메타버스 기술 발전을 10년 정도 앞당겼다고 말한다.

국내에서도 기술이 개발되거나 관심은 있었지만, 명확하게 메타버스 사업을 키우겠다는 공식 입장도 없었고 그다지 눈에 띄지 않는 분야 중 하나였다. 전부터 메타버스에 관한 작은 움직임들은 있었지만 덩어리가 큰 투자나 움직임은 없던 와중에, 2022년 초에 삼성전자가 메타버스를 신사업으로 지목하면서 국내에서도 메타버스에 대한 관심이 액션으로 바뀌기 시작했다. 세계적으로 메타, 애플, 구글, 마이크로소프트, 디즈니 등의 기업들이 메타버스 사업의 선두에 있듯, 국내에서는 네이버, 카카오, 삼성, SK, 롯데 같은 국내 대기업이 메타버스 관련 사업을 이끌었다. 그중 네이버는 2018년부터 메타버스 플랫폼 '제페토'를 개발해 뜨거운 관심을 받았으며 제페토는 2022년 말 기준 누적 회원 수 4억 명을 넘겼다.

전 세계적으로 K-문화와 K-콘텐츠에 대한 관심도 높은 만큼, 엔터테인먼트 기업들도 메타버스와 NFT(대체 불가능 토큰) 기술을 이용해 메타버스를 활용한 사업 확장에 에너지를 쏟고 있다. 실제 SM 엔터테인먼트는 메타버스에서 많이 이용하는 아바타를 이용한 콘셉트로 '에스파'라는 가수를 데뷔시켜 많은 관심을 받기도 했다. 또한 아티스트와 팬들의 만남을 메타버스 안에서 가능하도록 만들고 일대일로 소통까지 할 수 있어서 K-문화의 팬덤을 더 강하게 확보했다.

메타버스에 대한 정부의 관심

앞서 이야기했듯 2022년 삼성전자가 메타버스를 신사업으로 언급할 즈음, 정부도 메타버스에 대해 더 적극적인 움직임을 보였다. 우리나라 정부는 2022년 1월, '메타버스 신산업 선도전략'을 발표하면서 2026년까지 메타버스 분야 세계 시장점유율을 5위까지 높이겠다는 목표를 발표했다. 세부적인 목표와 추진 전략은 아래 도표와 같다.

정부는 10개 분야(생활, 관광, 문화예술, 교육, 의료, 미디어, 창작, 제조,

| 메타버스 신산업 선도전략 비전 및 추진 전략 발표 자료 |

비전	디지털 신대륙, 메타버스로 도약하는 대한민국			
목표 2026	글로벌 메타버스 선점 시장점유율 5위 현 시장점유율 12위(추정)	메타버스 전문가 양성 누적 40,000명	메타버스 공급 기업 육성 220개 매출액 50억 원 이상	메타버스 모범 사례 발굴 누적 50건 사회적 가치 서비스 발굴 등
추진 전략	❶ 신대륙 발견: 세계적 수준의 메타버스 플랫폼에 도전하겠습니다! ❷ 신대륙 정착: 메타버스 시대에 활약할 주인공을 키우겠습니다! ❸ 신대륙 성장: 메타버스 산업을 주도하는 전문 기업을 육성하겠습니다! ❹ 신대륙 번영: 국민이 공감하는 모범적 메타버스 세상을 열겠습니다!			

오피스, 정부)를 개발 분야 예시로 들고 우리의 삶 전반에 메타버스를 잘 적용시켜 메타버스 강국을 만들겠다는 각오를 밝혔다.

메타버스에 대한 각 지자체의 관심도 대단하다. 경상북도는 2022년 2월 '메타버스 수도 경북'이라는 슬로건으로 메타버스 선점을 목표로 예산을 확보하고 다양한 사업을 진행하고 있다. 이러한 움직임으로 경북은 작년, 미국 뉴포트 비치(Newport Beach)시와 '국제 메타버스 영화제' MOT를 체결하고 제1회 국제 메타버스 영화제를 개최할 기회를 얻었다.

코로나19가 심해지면서 대면 행사가 금지되고 그로 인해 지역 경제가 어려워질 위기에 놓이자, 각 지자체는 지역 축제를 메타버스 가상 세계에서 온라인으로 진행하기도 했다. 2021~2022년 간 고령 대가야체험축제, 경남 남해 독일마을 맥주 축제, 영덕 대게축제, 포항 국제불빛축제, 창원 단감축제 등 다양한 지역 축제가 메타버스에서 열렸다. 또한 고창, 무주, 진안, 울산, 경남, 부산 등 전국 각지에서 메타버스를 활용한 지역 특산물, 관광지 홍보, 인식 개선 또는 변화에 투자하고 있다.

메타버스 문화에 관한 국내 관심은 부족

메타버스 기술과 보급에 관한 국내 정부와 기업의 관심은 뜨거워졌다. 5개년 계획을 세우고 예산 확보부터 프로젝트 추진까지 적극적인 움직임을 보이며 많은 것들을 만들어가고 이루어내고 있다. 그러나 아직 아이들을 보호하거나 건강한 메타버스 문화를 만들기 위한 정부와 기업의 적극적 개입은 많이 부족하다.

메타버스는 수많은 사람들을 연결하고 다양한 경험을 하도록 돕는다. 코로나19 같은 질병으로 멈춰 있던 사회를 활성화시키고 경제를 움직이게 했다. 한국의 문화를 전 세계로 알리며 힘을 키워주기도 한다. 이렇게 메타버스 기술의 발전과 대중화가 사회에 유익한 역할을 하는 것은 다행스러운 일이다. 그러나 이런 흐름의 이면도 봐야 한다.

국내에서는 앞으로 최소 5년 동안 메타버스 산업과 기술을 제대로 발전시키고자 한다. 이는 메타버스가 우리 일상에 미칠 영향이 더욱 다양해지고 막강해진다는 뜻이기도 하다. 그런 이유에서 메타버스가 아이들을 포함한 우리 삶에 미칠 긍정적인 영향뿐만 아니라 부정적인 영향도 점검하고 대비할 수 있어야 한다.

XR, AR, VR, MR 등
메타버스 기술의 개발

메타버스라고 하면 '가상 세계'를 떠올리는 사람들이 많지만, 가상 세계는 메타버스의 하위분류 중 하나다. 메타버스는 크게 라이프로깅, 가상 세계, 증강현실, 거울 세계로 나누어진다.

라이프로깅은 개인 SNS나 블로그처럼 자신의 일상이나 다양한 정보, 소식들을 기록하는 것으로 컴퓨터나 스마트폰으로 가능하다. 거울 세계도 마찬가지다. 음식 배달 앱, 내비게이션, 줌(ZOOM) 회의 등을 떠올리면 이해하기 쉽다. 가상 세계나 증강현실은 사용하기 위한 기계가 먼저 필요하다. 스마트폰, 컴퓨터 같은 일반적인 기계부터 고글, 헤드셋, 장갑이나 슈트(전용 옷)까지 다양한 기계들을 사용하며, 그 종류와 사용 방식 또한 매우 다양하다.

이렇듯 메타버스를 사용한다는 것은 기술의 발달이 있어야지만 가능한 일이다. 컴퓨터, 스마트폰 같은 기기도 메타버스가 실현 가능한 수준으로 개발되어야 하지만 인터넷망의 속도와 안정감, 각종 관련 기계의 발달 또한 메타버스가 우리 일상에 스며드는데 매우 중요한 영향을 미친다.

그렇다면 현재 메타버스 관련 기술 개발은 어느 정도 되었을까? 영화 〈레디 플레이어 원〉에서 나오는 기술이 현실에서도 구현이 가능할까?

이미 오래전부터 개발된 기계들

최근에 막 등장한 것처럼 느껴지는 VR 기술은, 그 개발의 시작이 생각보다 훨씬 오래전인 1980~1990년대다. 지금처럼 활발하게 혁신적으로 기술이 개발된 것은 아니지만, 그때부터 가상 세계와 현실 세계를 연결할 무언가의 필요성을 느끼고 본격적으로 개발했다. AR 기술 또한 1990년대에 비행기 회사인 '보잉'사에서 처음 증강현실 기술을 개발하고 세상에 알렸다.

우리에게 VR이 익숙하게 다가온 것은 아마 삼성에서 2014년에 출시한 삼성 기어 VR(오큘러스 VR)가 시작일 것이다. 일반인들도 매장에서 편하게 체험하고 원하면 구매할 수 있었으니 말이다. 당시 스마트폰을 고글에 끼워서 사용하는 것이었는데 무

겁고 불편하며 어지러운 단점이
있었지만, 기계에 관심이 있는
사람이라면 구매를 고민하게 만
든 물건이었다. 그 후로도 삼성
은 계속해서 VR 기계를 업그레
이드해서 출시했다.

기어 VR 이노베이터 에디션 for Note 4
출처: 나무위키

　2017년에는 닌텐도에서 '마리오 카트'라는 첫 VR 게임을 출시
했다. 그 후에도 닌텐도는 리듬 게임, 아케이드 등 다양한 콘텐
츠를 개발하고 non-VR 버전과 VR 버전 모두 출시하기도 했다.
2020년에는 '마리오 카트 라이브: 홈서킷'을 출시해 게임을 하는
장소를 레이스 경기장으로 만들 수 있는 AR 기술을 선보이기도
했다.

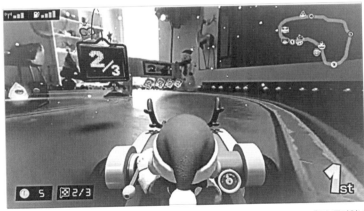

'마리오 카트 라이브: 홈 서킷'의 장면

출처: 동아일보

메타버스 기술의 현재

메타버스 기술은 현재 어느 정도 개발되었을까? 이미 몇 년 전부터 대중이 사용할 수 있는 많은 VR, AR 기술이 개발되었고 판매되었지만, 무게, 불편함, 이질감, 멀미 등의 단점이 있어 마니아층이 아니면 관심을 가지지도 않고 구매하지도 않았던 게 현실이다. 그런 단점을 보완하기 위해 관련 기업에서는 VR, AR 관련 기계들을 더 작게, 더 편하게, 더 질 좋게 만들기 위해 끊임없이 연구하고 개발하고 있다.

2023년, 미국 라스베이거스에서 열린 세계 최대 IT 전시회 CES(Consumer Electronics Show)에서는 주춤했던 메타버스 관련 기술들, VR, AR 기기에 관한 관심이 다시 불붙는 장이 되었다. 전시에 참여한 많은 관람객이 AR 기기 체험에 유난히 많은 관심을 보였다고 한다.

메타버스와 관련되어 공격적인 행보를 보이는 메타는 작년 말 새로운 VR 기기를 선보였다. 메타가 출시한 신상 기계는 사용자의 표정을 인지할 수 있고, 이런 사용자의 표정을 아바타에 반영해 즉각적으로 아바타의 표정이 사용자의 표정과 같이 바뀌도록 하는 기술이 접목되었다고 한다.

TCL에서 개발한 '레이네오(RayNeo)'라는 기기는 우리가 평소에 쓰는 안경과 거의 흡사하다. 여행할 때 이 안경을 쓰면 여행지의 랜드마크를 보이게 하거나 번역 기능을 사용할 수도 있다.

심지어 안경을 끼고 대화를 하면 대화 내용이 안경을 통해 바로 번역된 언어로 자막 형태로 표시된다고 하니 좀 더 상용화가 되면 여행 필수 아이템이 되지 않을까 싶기도 하다.

TCL 레이네오 X2   출처: TCL 홈페이지

삼성전자도 2023년 이내에 퀄컴, 구글과 협력해 '갤럭시 글래시스(GALAXY GLASSES)'를 출시한다고 하니 기대해 볼 만하다. 애플도 2023년에 새로운 기기를 출시한다고 발표한 것으로 보면, 현재 메타버스 시장이 다시 뜨거워질 것이라 예상할 수 있다.

메타버스 기술 개발이 우리에게 줄 영향, 기술의 미래

얼마 전 태국 여행을 갔는데 로컬 식당을 갔더니 모두 태국어로 되어있고 주인도 영어를 못하는 상황이었다. 서로 난감해하는 상황에서 동행자가 자신 있게 구글 번역기를 꺼내서 메뉴판을 비추니 그 화면 위로 한국어로 번역된 글자가 보였다. 새삼 기술의 발전을 피부로 느끼는 순간이었다. 며칠 전에는 밥을 먹는데 동료 선생님이 음식 사진을 찍었다. 그런데 어떤 프로그램을 쓰니 음식 사진 옆에 음식의 이름이 나타났다. 다시 한번 세상이 완전히 달라졌다는 생각을 했다.

이제는 AI가 소설, 시뿐만 아니라 논문까지 써주고, 노래도 만들어주는 세상이 되었다. 마이크로소프트사는 비슷한 AI 기술을 접목시켜 회의 시간에 켜

마이크로소프트의 깃허브가 출시한 자동 코드 완성 AI '깃허브 코파일럿'

두기만 하면 음성 인식을 통해 알아서 회의록을 작성하고 그 회의록을 바탕으로 자동 보고서 작성, PPT, 엑셀 작업까지 가능한 기술을 개발시켰다. '코파일럿(Copilot)'이라고 불리는 이런 기술과 그 외의 수많은 AI 기술들은 모든 사람이 개인 비서를 둘 수 있는 세상을 열었다. 어린 시절 열심히 배우고 연습해서 땄던 컴퓨터 활용능력 자격증이 뭐가 필요한가 싶은 생각도 든다.

이런 세상에서 우리는 아이들에게 무엇이 중요하다고 말해야 할지 생각해 봐야 한다. 세상이 달라졌고 기술은 계속 발전하고 있다. 그러니 그에 맞게 아이의 공부 방향, 삶을 살아가는 방식, 중점적으로 생각해야 하는 것들이 어떻게 달라지고 있는지 다시 고민해 봐야 한다.

기술은 계속 발전하지만 결국 인간이 결정하고 행동해야 한다. 기술이 발전한다고 해서 기술이 중심이 아니다. 언제나 인간이 중심이라는 것을 기억하자. 그러므로 현명하게 생각하고 판단하는 능력은 더욱 중요해질 것이다. 이 부분을 아이들에게 가르쳐 줘야 한다. 기술 발전이 우리 삶에 긍정적 영향을 줄 수 있

도록 양육자가 명확한 기준을 가지고 아이에게 안내하고 알려줘야 한다. 발전한 기술을 안전하고 유용하게 사용할 수 있도록 가르치고 경험시켜줘야 한다.

기술의 발전을 두려워할 필요는 없다. 발전된 기술이 어떻게 하면 인간에게 이롭게 쓰일 수 있는지를 어른들이 더 많이 고민해 주면 된다. 그리고 기준을 정해서 아이들에게 잘 가르쳐 주면 된다. 결국 결정하고 행동하는 것은 인간이니 말이다.

메타버스로
변화된 것들

　현재 메타버스는 우리 삶의 모든 영역에서 혁명적인 변화를 일으키고 있다. 코로나19 이후 우리는 온라인 만남이 아주 익숙해졌다. 다시 대면이 활성화되었는데도 불구하고 여전히 비대면으로도 만나고 있다. 이미 우리의 삶이 이전으로 돌아갈 수 없을 만큼 거대하게 변화했기 때문이다.

　그뿐만 아니라 우리의 생활양식도 변화되었다. 현재 인류는 물건을 구매하는 행위에서 '경험을 소비하는 행위'로 무게가 옮겨가고 있다. 프랑스의 저명한 철학자 장 보드리야르는 "이제 소비자들은 물건이 아닌 기호를 소비한다"라고 했다. 자신에게 값진 경험을 주는 것에 더 많이 소비한다는 것이다.

　자동차를 생각해 보자. 사람들은 단순히 자동차의 성능을 넘어 어떤 브랜드의 자동차를 타고 다니느냐에 더 관심을 가진다. 예전에 한 유명한 자동차 광고에는 "친구가 어떻게 지내냐는 말에 그랜저로 답했다"라는 문구도 있었다. 차의 외형보다 그 차에 담긴 '이미지와 경험'을 중요하게 여기는 것이다.

현실 세계보다 훨씬 더 짜릿한 경험을 주는 곳이 바로 '메타버스'다. 영화 〈매트릭스〉를 보면 주인공 네오는 가상 세계인 매트릭스에서 훨씬 짜릿한 몰입감을 느끼며 활동한다. 오히려 현실보다 매트릭스 세상이 진짜 같다. 글로벌 기업들이 앞다투어 VR, AR 헤드셋과 기기를 개발하는 모습을 보면, 영화 같은 세상이 곧 올 거라 생각한다. 우리가 살았던 이전과는 완전히 다른 세상으로 변화하고 진화하는 것이다.

그럼 메타버스로 어떤 것들이 변화될까? 엄청나게 변하게 될 주요 세 가지를 말하고자 한다. 바로 미디어, 교육, 성산업이다. 이 세 가지는 매우 유기적으로 연결되어 있다.

초연결의 '1인 미디어' 시대

"텔레비전에 내가 나왔으면 정말 좋겠네 정말 좋겠네"

지금으로부터 25년 전 내가 초등학생 때 자주 불렀던 동요 〈텔레비전〉의 가사다. 그 당시 방송 한 번 나오는 것이 정말 꿈과 같던 시절이었다. 여름에 가족과 함께 계곡에 놀러 갔을 때 한 방송사에서 취재를 왔었다. 그 찰나의 모습을 방송으로 보기 위해 가족들이 옹기종기 모여 TV 앞에서 기다렸었다.

그러나 그때 시절과 지금은 전혀 다르다. 이제 우리는 SNS와 유튜브를 통해 각자 자신만의 1인 방송국을 가지고 있다. 스마트폰으로 서로의 일상을 공유하고 있고 개인 인플루언서의 파급 효과도 엄청나게 커졌다. 더는 지상파 3사가 가졌던 막강한 파급력도 이제 힘을 잃고 분산되었다. 예전에는 신문 1면에 나오면 빅뉴스라고 호들갑을 떨었지만 이제는 아니다. 다가온 메타버스 시대에는 누구나 소셜 미디어를 통한 1인 방송으로 자신만의 콘텐츠를 보여줄 수 있다.

특히 SNS로 자신의 의견과 생각을 쉽게 공유할 수 있는 환경이 조성되었다. 페이스북, 인스타그램, 트위터 등 일반인도 아주 쉽게 미디어 활동에 참여해 자신의 의견을 말할 수 있다. 이는 대중의 다양한 요구를 반영하는 새로운 미디어 콘텐츠를 만들어 낼 가능성을 열었다. 메타버스 플랫폼인 제페토에서는 어린 초등학생이 아바타로 직접 라이브를 열어 다른 유저들과 소통하고 아이템을 팔아 돈을 번다. 제페토 크리에이터 렌지는 아바타 옷을 제작, 판매해 월 1,500만 원의 수입을 올리고 있다.

하지만 개인이 자유롭게 정보를 생산하고 공유할 수 있는 환경이기 때문에, 거짓 정보가 퍼질 위험도 존재한다. 아이들이 흔히 볼 수 있는 유튜브, 틱톡, 페이스북, 인스타그램에 갖가지 성표현물과 성착취물이 둥둥 떠다니며 아이들을 위협하고 있다. 문제는 막지도 못하고 점점 무분별하게 유통되고 있는 것이다.

심지어 불법으로 촬영한 것을 아무런 필터링과 죄의식을 가지지 않고 유포하는 아이들도 있다. 미디어를 악용하는 것이다. 메타버스 시대에 맞게 이러한 문제에 대한 현실적인 대응책이 필요하다. 올바른 성 정보를 전하는 전문가들과 가정에서 분별력을 키워줄 양육자의 역할이 더욱 중요해질 것이다.

메타버스가 '교육'에서 보일 놀라운 변화

코로나19가 비대면 교육의 시대를 열고 빠르게 가속화시키면서, 메타버스가 교육에 미칠 영향은 실로 어마어마할 것이라 본다. 현재 메타버스는 가상 교육 환경을 제공해 교육 방식의 혁신적인 변화를 가져오고 있기 때문이다.

메타버스에서는 학생들이 가상의 세계에서 실제와 같은 경험을 할 수 있다. 예를 들어 역사 수업에서는 과거의 사건들을 메타버스 상에서 체험할 수 있다. 또한 현실에서 할 수 없는 화산 폭발 체험 등 다양한 시각적 요소를 활용한 가상 실험도 가능하다.

김상균 교수는 《메타버스 2》(플랜비디자인, 2022)에서 메타버스로 인해 교육이 대변화를 겪게 될 것이라 말했다. 그가 언급한 것 중에 세 가지 정도로 정리하면 다음과 같다.

운동장과 강의실을 보유한 교육기관이 감소한다

메타버스가 현실 경험을 대체하고 현실에서 불가능한 경험을 제공하는 것이 보편화되고 있다. 이로 인해 교육 기관이 보유한 물리적 공간과 시설의 의미는 점점 희미해진다. 현재 대학이나 기업이 예전처럼 대면 교육만을 진행하지 않는 것을 보면 알 수 있다. 학습자가 어디에 있든지 메타버스는 교육이 가능하다.

학습자가 배움의 중심에 서게 된다

그동안 교육은 강의실의 물리적인 공간, 수업 시간에 대한 통제 등 모든 권력이 교수자에게 집중된 환경에서 진행됐다. 그래서 학습자는 자신의 의견을 마음껏 말하거나 기를 펴기 어려웠다. 그러나 메타버스 안에서는 학습자가 강의실보다 훨씬 더 능동적으로 참여한다. 자주스쿨이 이프랜드에서 아바타 성교육을 진행했을 때 학생들이 현실보다 훨씬 더 성에 관해 자유롭고 주체적으로 말하고 의견을 냈다. 강사들도 몰랐던 기능을 바로 사용하기도 했다.

우리는 모두로부터 배운다

교육에서는 동료 학습 과정을 매우 강조한다. 그러나 물리적 공간에서는 심리적 요인과 시간적 제약으로 인해 어려운 경우가 많다. 메타버스는 학습자가 더 능동적으로 변하고 학습의 중

심에 자리를 잡게 한다. 이를 통해 모든 학습자는 다른 동료에게
또 다른 교수자의 역할을 하게 된다.

이렇게 메타버스가 교육에 미치는 영향은 크게 두 가지 측면
에서 생각할 수 있다. 첫째, 가상 교육 환경을 통한 교육 방식의
혁신적인 변화다. 둘째, 모두가 배움의 중심에 서는 맞춤형 교육
이 가능해진다는 점이다.

하지만 메타버스를 교육에 적용할 때 주의할 점도 있다. 첫
째, 메타버스 상에서는 학생들이 실제 세계에서의 교육과 다른
경험을 할 수 있기 때문에 교육의 질과 안전을 보장해야 한다.
둘째, 메타버스 교육 콘텐츠의 질과 내용은 이상하게 엇나가지
않도록 항상 관리되어야 하며, 단순히 돈벌이를 위한 광고나 선
정적인 내용이 포함되지 않도록 해야 한다.

메타버스로 인해 폭발적으로 성장하는 성산업

메타버스로 인해 가장 빠르게 성장하게 될 분야가 바로 성산
업이다. AV(성인물) 기업은 앞다투어 메타버스에 관한 제품을 기
획, 생산하고 있다. 얼마 전 교육에서 한 양육자가 보내준 사진을
보고 깜짝 놀랐다. 아이가 인터넷 검색을 하다가 발견한 것인데
본인도 어떻게 설명해야 할지 몰라 나에게 물어봤다는 것이다.

그림에는 한 남성이 VR 헤드셋을 쓰고 영상을 보고 있었다. 남성의 성기에는 오나홀(자위 기구)이 착용되어 있었는데 마치 성관계를 하듯 기계가 위아래로 움직였다. VR을 통해 실제로 영상에 나온 여성과 성관계를 맺는 행위를 하고 있었다.

이 AV 영상은 VR 1인칭 시점으로 해서 촬영되었다. 그래서 헤드셋을 끼고 보면 실제처럼 더욱 생생하다. 더욱 소름 돋았던 것은 이 AV 기업은 이걸 교육 영상으로 개발해 자신의 채널에서 광고하고 있던 것이다. 이미 AV 산업에서 메타버스 기술을 이용해 생생한 성표현물을 제공하고 있다.

만들어진 성표현물은 여성과 인간에 대한 존중 의식이 전혀 없었다. 여성의 몸은 단순히 하나의 상품으로 취급하고 있었다. 이렇게 생생한 성표현물을 아이들이 접하면 어떻게 될지 벌써 고민이 많다. 이 아이도 유튜브를 보다가 우연히 광고를 보고 들어가서 보고 충격을 받았다고 한다. 성교육 전문가로서 무척 걱정되었다.

메타버스 시대는 대중의 다양한 요구를 반영하는 새로운 콘텐츠를 만들어낼 수 있는 환경을 제공한다. 이에 따라 정보의 질과 신뢰성, 개인의 주목을 받을 수 있는 환경 등 다양한 문제에 대한 대응책이 반드시 필요하다. 올바른 분별력과 판단력을 키울 수 있는 유일한 길은 바로 성교육이다.

고인이 된 사람도
살려내는 메타버스

　다가오는 메타버스 세상을 마냥 걱정하거나 불안해하는 사람들이 있다. 그동안 봤었던 영화처럼 디스토피아 세상을 만들어 미래를 암울하게 만들 거라 생각한다. 하지만 그렇지 않다. 메타버스의 기술과 발전은 우리의 세상을 더 윤택하고 아름답게 만들 수 있다. 제대로 알고 준비한다면 메타버스 세상은 오히려 우리에게 좋은 영향을 줄 수도 있다는 뜻이다.

　메타버스 기술은 기존의 인터넷 세계와 차별화된 3차원 가상 공간을 제공하며, 다양한 장점과 응용 분야를 가지고 있다. 이를 통해 새롭고 다양한 산업의 창출과 융합, 지속 가능한 미래 사회의 발전과 행복한 삶에 기여할 수 있다. 예를 들어 메타버스는 실제와 유사하게 상호작용이 가능한 콘텐츠를 제공할 수 있다.

이를 통해 현실과 비슷한 생생하고 새로운 경험을 하도록 한다. 심지어 메타버스 기술은 고인이 된 사람마저 살려낼 수 있다. 생전의 모습과 사진, 영상, 목소리를 조합해 AI 기술로 구현해낸다.

그리운 딸과의 재회, 메타버스의 놀라운 기술

2020년에 방영된 MBC 〈너를 만났다〉는 국내 최초의 가상현실(VR) 휴먼 다큐멘터리다. 하늘나라로 먼저 떠난 소중한 사람을 기술로 구현해 그를 그리워하는 사람과 가상현실 속에서 다시 만나게 했다. 이를 통해 세상에 삶과 죽음에 대한 화두를 던졌다. 인간적인 시선과 과학기술의 접목을 통해 대중의 마음을 움직인 것이다.

이 기술은 고인의 사진과 영상, 유가족들의 기억을 조합해 고인의 모습을 구현하고 좋아했던 물건들로 채운 가상현실을 조성했다. 체험자는 HMD(체험을 위해 머리에 장착하는 기기)를 쓰고 가상현실 속에서 고인과 만나 마음에 담아뒀던 말을 나눌 수 있다.

시즌 1에서는 희귀병으로 7세에 세상을 떠난 딸 강나연 양과 어머니 장지성 씨의 만남을 담았다. 장지성 씨는 HMD 기기를 장착한 채로 가상현실에서 세상을 떠난 딸과 만남을 가졌다. "엄마!"라고 외치는 소리와 함께 나연이를 만나게 되자 "많이 보고 싶었어. 안아보고 싶었어"라며 그리운 딸에게 못다 한 말을 전했

다. 딸과 여러 대화를 나눈 장지성 씨는 "너 그리워하지 않고 너 많이 사랑할게. 더 많이 사랑할게"라고 했다.

방송 이후에 장지성 씨는 "저는 좋은 꿈 꾸고 온 것 같은 느낌이었어요. 남겨진 아이들을 위해서라도 더는 울지 않는다"라고 했다. 방영 후 다양한 국적의 사람들이 공감과 반응을 보냈다. 관련 영상은 유튜브에서 조회수 3,300만 회를 넘기며 꾸준히 회자되고 있다. 메타버스 VR 기술을 통해 감동적인 새로운 만남을 이룬 것이다.

고인을 실제 화면 속으로 불러낸 메타버스

메타버스는 고인이 된 사람을 가상 화면이 아닌 실제 화면 속으로 불러내 대화를 나누게도 한다. 2023년 방영된 Tvn STORY 〈회장님네 사람들〉에서는 국민 드라마 '전원일기' 응삼이로 알려진 배우 故 박윤배를 AI로 불렀다.

박윤배 씨는 지난 2020년 12월, 폐섬유증으로 1년간의 투병 생활 끝에 향년 73세로 세상을 떠났다. 제작진은 몇 달의 제작 과정을 거쳐 디지털 휴먼 기술을 준비했다. 디지털 휴먼 기술은 AI 기술을 활용해 실제 사람(모델) 얼굴이나, 특정 부위를 실존 인물이 아닌 인물과 합성한 영상 편집물이다.

제작진은 박윤배의 가족과 동료들을 위해 AI와 딥페이크 기술을 활용해 생전 박윤배의 모습과 흡사한 외모로 화면에 등장하자 동료들은 믿을 수 없다는 반응을 보였다. "표정 감정 묘사까지 진짜 살아있는 느낌이다", "너무 신기하다. 우리 아빠도 어느 날 갑자기 쓰러져 돌아가셨는데 이렇게라도 만날 수 있었으면", "진짜 같이 말하는 거 같아서 더 반갑고 위로되는 시간이었을 것이다"라고 말했다. 덧붙여 "이런 기술이 더 발전되어 접근성도 쉽게 하면 많은 사람이 보고 싶고 그리운 사람들이 생각날 때 마음을 달래줄 수 있을 것 같다"라고 했다.

마지막으로 박윤배 씨가 딸에게 "아빠는 걱정하지 마, 혜미만 잘 지내면 아빠는 아무 걱정이 없어"라고 하며, 울먹이는 목소리로 "씩씩하고 마음 기쁘게 지내. 하늘에서 늘 지켜줄게"라며 딸에게 그동안 하고 싶었던 말을 전했다. 아마 자식을 사랑하는 모

tvN STORY 〈회장님네 사람들〉 유튜브 영상 썸네일   출처: 유튜브 'tvN D ENT'

든 양육자의 마음이 이와 같을 것이다.

영상을 보며 더욱 놀라웠던 것은 출연자들과의 개개인의 추억을 바탕으로 대화를 나눈 것이다. 단순히 얼굴만 보고 인사하는 게 아니라 같이 있었던 일들까지 나눌 수 있도록 기획한 것이 대단했다. 실제는 아니지만, 진짜 살아있는 박윤배 씨가 말하는 것 같아 영상을 보며 입이 떡 벌어질 정도로 놀랐다. 현재 이 영상의 유튜브 조회수는 500만 회를 넘겼다.

그러면 여기에는 메타버스의 어떤 기술이 적용된 것일까? 한국의 빔스튜디오가 선보인 비엠리얼 솔루션은 실제 사람의 얼굴이나 특정 부위를 가상의 인물과 합성하는 기존 딥페이크 기술에서 더 나아가 가상 인간과의 실시간 소통까지 가능한 AI 솔루션이다. 현재 빔스튜디오는 글로벌 대규모 영상 프로젝트에 참여해 비엠리얼 솔루션을 활용할 예정이며, 해외 콘텐츠 시장에 순차적으로 진출할 계획을 밝혔다. 한국에서도 이런 획기적인 기획과 기술이 나오다니 앞으로의 메타버스와 AI 세상이 어떻게 발전될지 기대된다.

치유와 감동을 전하는 메타버스

위에 사례뿐만 아니라 AI가 사람에게 준 치유와 감동 사례는 무수히 많다. JTBC 〈얼라이브〉에는 오디션 프로그램의 전설 故 임윤택이 AI로 부활해 등장했다. 〈얼라이브〉는 AI 복원 기술로 하늘의 별이 된 아티스트들을 다시 만나볼 수 있는 프로그램이다. 딥페이크 기술과 XR 공연으로 임윤택의 모습과 목소리를 더욱 생생하게 접하게 했다.

〈얼라이브〉에서는 AI로 복원된 임윤택의 미공개 신곡을 발표했다. 고인의 목소리를 통해 새로운 곡을 발표까지 했다. 특히 신곡 〈낡은 테잎〉은 세상에 남겨질 딸을 위해 임윤택이 직접 작사한 곡으로, AI로 복원된 아빠의 모습을 보고 놀라는 딸의 모습과 함께 큰 감동을 선보였다. 물론, 기술이 아무리 정교해도 실제와는 차이가 있을 수밖에 없다. 어색한 부분이 있다면 당연한 것이다. 하지만 기술이 점점 발달하고 고도화되면 거의 실제와 같이 구현할 수 있을 거라 생각한다.

TVING 〈얼라이브〉 유튜브 영상 썸네일   출처: 유튜브 'TVING'

메타버스 기술, 먼저 배우고 알려주자

앞에 사례를 보면서 당신은 어떤 생각이 드는가? 마냥 걱정되
는가? 걱정 때문에 메타버스를 접하지 않으려고 노력해도 이제
는 피할 수 없다. 그렇다면 이런 신기술을 배우고 아이들에게 똑
똑하게 알려주면 된다. 오히려 현실보다 가상현실 안에서 아이
에게 하지 못했던 말이나 성교육을 할 수 있다.

어른들이 먼저 제대로 공부하면 아이들에게 더 풍성하고 행
복한 세상을 선물할 수 있을 것이다. 그래서 나는 이렇게 메타버
스와 성교육에 관해 공부하고 준비하는 양육자들이 진심으로 대
단하고 훌륭하다고 말하고 싶다. 지금부터 준비해야 늦지 않는
다는 것을 명심하자.

메타버스의
긍정적 역할

메타버스 기술이 발달하면서 양육자의 불안은 날이 갈수록 높아지고 있다. 지난 책인 《지금 해야 늦지 않는 메타버스 성교육》에서도 많이 등장했던 내용이 '메타버스 기술이 우리 성문화에 미칠 영향'이었는데, 아무래도 기술의 발달에 비해 성교육의 속도나 횟수가 충분하지 않다 보니 다소 부정적인 부분이나 염려의 내용이 많았다.

그러나 모든 기술의 발전은 장단점을 동시에 가지고 있다. 메타버스 기술도 그렇다. 나쁜 점만 있다면 인간이 그 기술을 더 열심히 발달시키지는 않을 것이다. 그렇다면 우리는 기술의 발달이 우리에게 어떤 긍정적인 영향을 주는지, 부정적인 영향을 주는지 따져보고 그중에서 내가 잘 활용할 수 있는 부분을 선택적으로 사용하면 된다.

특히 아이를 키우는 과정에서 기술의 발달로 변화될 문화를 인식하고, 그중에서 긍정적인 부분을 선별해 아이가 우선적으로 접할 수 있도록 도와주어야 한다. 사용 자체를 염려할 게 아니라, 아이 스스로 주체적으로 판단력을 가지고 사용하도록 훈련시켜야 한다.

그럼 메타버스가 우리 사회에 주는 긍정적 영향, 도움이 되는 활용 사례를 살펴보자.

일상을 편리하게, 메타버스 기술

"메타버스를 사용하고 있나요?"라고 질문하면 많은 사람들이 "아직이요" 혹은 "사실 메타버스가 뭔지도 잘 모르겠어요"라고 대답한다. 그런데 메타버스가 무엇인지 설명한다면 많은 사람들은 "아, 이미 많이 사용하고 있었네요!"라고 대답하며 놀란다.

일단 메타버스 기술은 우리의 일상에 많은 부분을 담당하고 있으며, 우리가 알게 모르게 편하기 위해 사용하는 것들 중 많은 것들이 메타버스 기술이다. 일상 속 어떤 상황에서 메타버스 기술을 사용하는지 알고 있는가? 다음 내용을 살펴보자.

아침에 일어나 스마트폰으로 날씨를 확인하고 SNS에 접속한다. 사람들이 올려놓은 피드를 구경하다가 문득 오늘 구입해야 하는 가전제품을 떠올렸다. 오프라인 매장에 가려다가 인터넷에서 더 저렴한 상품을 발견했다. 바로 구입하긴 망설여져서 사람들이 올려놓은 후기들을 찾아본다. 한참 인터넷 쇼핑을 하다 보니 배가 고프다. 배달 앱을 켜고 뭘 먹을지 고민하다 햄버거를 하나 시켜 먹었다. 곧 미팅 시간이다. 코로나19로 인해 비대면 미팅이 익숙해져 윗옷만 갈아입고 컴퓨터 앞에 앉아 온라인 미팅을 진행한다.

내일은 지방 출장이 있어 미리 내비게이션으로 경로와 소요시간을 확인했다. 미리 출장 준비를 해놓고 나니 오늘 스케줄은 끝났지만, 몸이 찌뿌둥해서 운동을 좀 해야겠다고 생각한다. 닌텐도를 켜고 화면을 보며 리듬에 맞춰 게임을 한다. 화면과 연동되는 기계를 얼마 전에 샀는데 생각보다 꽤 운동이 된다. 저녁에는 산책 겸 포켓몬을 잡으러 밖에 돌아다녀봐야겠다.

똑같은 일상은 아니겠지만 비슷한 일상을 지내본 경험이 있거나 그런 사람들을 주위에서 본 적이 있을 것이다. SNS, 상품 후기, 배달 앱, 온라인 미팅, 내비게이션, VR 게임이나 운동, '포켓몬 GO'와 같은 증강현실 게임 등이 메타버스의 유형이다. 그러니 얼마나 많은 메타버스 기술이 일상 속에 스며들어 우리의 삶을 편리하게 만들고 있는지 하루 일과만 살펴봐도 알 수 있다.

생명의 희생을 줄이는 기술의 발전, 메타버스 활용

현대 의학 기술은 엄청난 발전을 지속하고 있다. 그 과정에는 많은 노력과 희생이 들어가 있다. 예를 들어 사람들이 약국에서 사 먹거나 처방전을 받아서 사는 약들은 시판되기 전에 수많은 단계의 실험을 진행한다. 동물을 대상으로 한 실험부터, 실제 투병하고 있는 사람들에게 실험을 하기도 한다. 인간의 신체를 연구하고 더 잘 알기 위해 인간의 몸을 해부해 연구하기도 하고 질병 조직을 따로 떼내어 여러 가지 연구를 진행하기도 한다. 이런 과정을 통해 기술은 발전하게 되지만 누군가의 희생이 반드시 필요했다.

그런데 메타버스 기술이 발전하게 되면서 이제는 사람의 몸 없이도 가상현실과 증강현실을 통해 해부를 해보거나 수술을 진행해 볼 수 있다. 메타버스를 통한 임상실험으로 개발된 약이 인간의 몸에 미칠 영향도 탐구해 볼 수 있다. 그러니 메타버스를 통해 생명의 희생을 줄이고 기술은 더 발전시킬 수 있는 것이다.

그뿐만 아니라 일본에서는 메타버스 기술을 활용해 재난훈련을 진행하고 있다. 이론적인 재난훈련이나 상상 속의 재난훈련은 도움이 되기는 하지만 실제 상황에 처해보는 것만큼 강렬한 훈련 효과를 주지는 못한다. 그렇다고 사람들에게 실제 재난을 경험시킬 수도 없는 노릇이다.

이런 고민을 해결한 게 바로 메타버스 기술이다. 아이패드를 들고 증강현실을 만들어 재난 상황을 연출하고 그 상황에서 어떻게 빠져나올 수 있는지 실제로 행동해 보는 훈련을 하는 것이다. 실제 재난상황을 겪지 않지만 AR 기술로 직접 체험해 봄으로서 사람들은 재난상황에 대처할 수 있는 능력을 기를 수 있다. 그 외에도 외국 날씨 채널에서는 실제 태풍이나 산불을 메타버스로 구현해 그 위험성을 직접 눈으로 볼 수 있도록 했다.

양육자가 걱정하는 디지털 성폭력의 위험성도 메타버스를 통해 교육할 수 있다. 아이들은 대부분의 위기 상황을 교육을 통해 듣지만, 실제로 그런 일이 발생한다면 스스로 컨트롤하고 잘 대처할 수 있을 거라고 생각한다. 그렇게 생각하는 아이들에게 가상현실에서 디지털 성폭력이 어떤 식으로 발생하는지 체험시켜 준다면 아이들의 실질적인 대처 능력을 키우는 데 도움이 될 수 있다.

긍정적 측면 vs 부정적 측면, 우리가 선택하는 것이다

모든 기술과 상황은 긍정적인 측면과 부정적인 측면이 있다. 그런데 우리가 일방적으로 받아들이기만 한다면 어떤 측면이 영향을 주는지조차 알 수 없다. 특히 양육자가 그 부분에 대한 민감성과 통찰이 없다면 우리 아이들 역시 민감성 없어 나쁜 것이라도 일방적으로 받아들일 수밖에 없다.

우리 아이가 사용하는 메타버스가 어떤 것인지, 그것에서 얻을 수 있는 이점이 무엇이 있는지 아이들에게 끊임없이 질문하고 생각해 보게 해야 한다. 양육자도 일상을 돌아보며 우리가 메타버스 기술 안에서 얻을 수 있는 긍정적인 영향이 무엇인지 살펴보고 아이들에게 전달해 줄 수 있어야 한다.

앞서 살펴본 대로 디지털 기기 사용, 메타버스 기술은 긍정적인 측면도 많다. 우리 아이가 사용하는 디지털 기기, 우리 일상에서 접하는 메타버스 기술에 어떤 긍정적인 부분이 있는지 양육자가 찾을 수 있다면 우리와 우리 아이들이 충분히 좋은 영향을 더 많이 받으면서 사용할 수 있다. 부정적인 부분만 생각하면서 불안해하고 무조건적인 억압을 하기보다는 그럼에도 불구하고 얻을 수 있는 것들을 찾아보고 아이도 양육자도 주체적으로 사용할 수 있도록 끊임없이 훈련해야 한다. 결국 어떤 영향을 받을지 우리가 선택할 수 있다.

2장

—

메타버스가
초래하는 성문화

메타버스로 허물어진
장난과 폭력의 경계

메타버스에서는 어린아이부터 어르신 누구라도 상관없이 다양한 '아바타'로 활동한다. 이 공간에서는 학력·성별·장애·종교·나이·인종을 뛰어넘는다. 아바타로 활동하기 때문에 현실보다 좀 더 자유롭고 평등하게 바라보는 장점도 있다. 그러나 무엇이든 빛이 있다면 그림자도 있기 마련이다. 자유롭게 바라보는 만큼 모두가 쉽고 편하게 생각하고 행동할 수 있다. 그렇기에 메타버스에서 서로 간의 예절과 존중 의식이 없다면, 익명성이라는 무기 안에 바로 폭력이 난무하는 세상으로 변해버릴 것이다.

정보통신정책연구원에서 진행한 2022년 메타버스 이용자 조사 결과에 따르면 불쾌감을 유발하는 발언이나 행동은 3분의 1 이상이, 아바타에 대한 스토킹과 디지털 자산에 대한 권리 침해는

5분의 1 이상이 겪어봤다고 응답했다.

메타버스에 경계 없이 노는 아이들

메타버스에서 아동·청소년들의 위험을 예측하기란 거의 불가능하다. 김상균 교수가 말한 것처럼 아이들은 고무공과 같아 어디로 튈지 모르기 때문이다. 여기에는 메타버스에서 만난 친구와 실제 친구 간의 구분이 거의 없다. 메타버스에서 게임을 하다가 금세 친구가 되기도 한다. 모르는 사람과 온라인에서 대화하고 친해지면 실제 오프라인 세상에서 만난다. 아이들에게는 이게 일상이기 때문에 누군가를 만나는 것 자체를 금지할 수는 없다.

심지어 메타버스에서는 처음 보는데도 다짜고짜 반말을 하기도 한다. 아바타로는 얼굴도, 이름도, 나이도 모르기 때문에 실제보다 더 거리낌 없이 말할 수 있기 때문이다. 나는 실제 메타버스 세계가 궁금해 1주일 정도 제페토에서 '14세, 닉네임 깜찍 세계'로 활동해 보았다. 단 며칠간이었지만 별의별 황당한 일을 겪었다. "너 거지야? 옷이 왜 이래?" 제페토 월드에서 만난 초등학생 유저가 나에게 한 말이다. 왜 그렇게 말하냐고 물어보자 이 아이는 "캐릭터 모습이 찐따같다"라고 했다. 나는 아이에게 다시 물어봤다. "저를 실제로 보았어도 거리낌 없이 그런 말을 할 수 있나요?" 그러자 아이는 "실제 만날 일도 없는데 그게 뭔 상관이

냐"라며 오히려 당당하게 쏘아붙였다.

만약 현실에서 만났으면 어땠을까? 아마 내 앞에서는 이런 말을 할 수 없었을 것이다. 메타버스라는 온라인 세계였기 때문에 단순히 장난으로 생각해 무례한 언행을 한 것이다. 실제로 메타버스 가상 세계에서 게임을 하는 학생들을 만나면 자주 이런 하소연을 듣는다. 인신공격은 기본이고 부모 욕까지 입에 담기 힘든 말을 듣는 것은 다반사다.

가해자도, 피해자도 되기 쉬운 메타버스 세상

과거 인터넷이 보급될 때도 사이버 폭력 등 다양한 문제들이 발생했다. 그 당시 인터넷 공간에서 익명 뒤에 숨어 다른 사람에게 상처 주는 말을 하면서도 잘못된 일이라고 생각하지 못했다. 그러나 지금은 그때와는 천지 차이다. 과거 인터넷 시대와 확연히 다르게 아이들도 1인 1스마트폰이 일상화된 시대에 살고 있기 때문이다. 최근에는 디지털 플랫폼으로 매개체가 다양화되며 특히 10대들의 사이버 성폭력이 증가 및 악화되고 있다. 메타버스 안에서도 이러한 현상들은 뚜렷하게 나타나고 있다.

스마트폰의 기능 중에 가장 많이 사용하는 것은 아마 '카메라'일 것이다. 특히 일상에서 장난처럼 찍었던 사진들을 무단으로 유포하는 경우도 있다. 폭력이지만 아이들이 장난으로 생각하는 것

영화 〈아이언맨〉의 원본 영상(왼쪽)과 배우 '톰 크루즈' 얼굴을 합성한 딥페이크 영상(오른쪽)

중에 가장 많은 게 '불법 촬영'이다. 친구들끼리 엽사(엽기 사진)를 찍는다며 서로 연사(연속사진 촬영)를 해서 웃기게 편집해 SNS에 올리기도 한다. 그중에서는 상대방의 사진에 딥페이크에 적용해 디지털 성범죄를 저지르는 경우도 있다. '딥페이크'란 특정 인물의 얼굴 등을 AI 기술을 이용해 특정 영상에 합성한 편집물이다. 포르노 영상에 유명인이나 일반인의 얼굴을 합성하는 사례가 많다.

로블록스에서 만나 친해졌던 4명의 아이가 서로의 페이스북 아이디를 공유해 몸과 성기 사진을 주고받는 경우도 있었다. 자신의 성기뿐만 아니라 다른 여성의 몸을 불법 촬영한 것까지 유포하고 있었다. 죄책감을 느낀 한 아이의 신고로 이 범죄는 드러나게 되었다. 이렇듯 가해자도 피해자도 순식간이 될 수 있는 것이 디지털 메타버스 세상이다.

메타버스에서도 반드시 성교육이 필요한 이유

심지어 성인이 '비밀 놀이'라고 장난치면서 아이의 몸 사진을 받고 유포하는 성범죄도 발생하고 있다. 장난과 폭력이 허물어진 메타버스 세상에서 더욱 성교육이 필요한 이유다. 메타버스는 가상공간에서 모르는 사람들과 만나는 만큼 협력과 연대의 장을 만들어야 한다. 창의와 혁신의 장이 될 메타버스 공간인 만큼 더욱 큰 윤리 의식이 필요하다.

많은 사람이 메타버스 성범죄에 대응하려면 강하게 원칙과 법을 제정하는 것이 좋다고 한다. 그러나 법을 제정하는 데는 오랜 시간이 걸린다. 때로는 법으로 인해 원활한 소통을 규제하는 부작용을 가져올 수 있다. 또한 법은 빛과 같은 빠른 기술의 발전 속도를 따라갈 수 없다는 한계도 있다.

따라서 시민사회의 역량과 자율성에 기반한 윤리 원칙을 먼저 확립하도록 성교육을 통해 가르쳐야 한다. 성교육은 단순히 지식의 교육을 넘어 인성교육이자 인권교육이다. 현실 세계에서와 마찬가지로 메타버스에서도 '관계'에서 출발해서 '태도'로 수렴된다. 좋은 관계와 태도를 맺는 윤리적 의식을 가장 빠르게 알려준 최적의 장소는 바로 가정이다. 어른과 양육자부터 먼저 메타버스 시대에 맞는 성교육 방법을 배우고 교육하자.

아바타 탈을 쓴 악마들, 메타버스 성폭력

온라인으로 사람들을 만나거나 소통할 때 그 사람이 누구인지 자세히 알 수 있을까? 메타버스 내에서는 특히 아바타로 활동하기 때문에 내 앞에 있는 사람이 실제로 어떤 사람인지 더욱 알기 힘들다. 그리고 온라인으로 만나기 때문에 현실 세계보다 경계심이 낮아지고 성폭력의 위협에 더 노출될 수 있다.

코로나19로 인해 온라인으로 만남이 늘어나며 성폭력도 오프라인 공간에서 점점 온라인 공간으로 확장하고 있다. 특히 가상 공간을 활용한 메타버스 서비스 이용자가 늘면서 디지털 성범죄가 기승을 부리고 있다. 경찰청 통계에 따르면 2019년 2,698건이던 사이버 성폭력 범죄는 2021년에는 4,349건으로, 2년 만에 무려 61퍼센트가 증가했다.

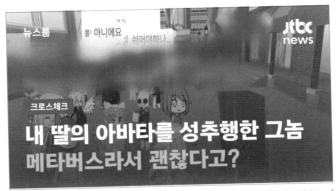

〈JTBC 뉴스룸〉 유튜브 영상 썸네일   출처: 유튜브 'JTBC News'

특히 메타버스라는 가상 세계는 아이들에게 지상 최고의 낙원이자 놀이터다. 전 세계 4억 명 이상 이용자의 놀이터인 제페토는 전체 이용자 90퍼센트가량이 10대 아동·청소년이다. 이 메타버스 플랫폼에서 가해자들이 아바타의 탈을 쓰고 아동·청소년에게 접근하며 위험 속으로 빠뜨리고 있다.

메타버스에서 폭언과 성희롱을 당하는 아이들

실제 현장에서 초등학생과 청소년들을 만나면 놀랄 때가 많다. 메타버스 게임 중에 폭언, 욕설, 성희롱을 듣지 않았던 학생들을 찾기가 힘들기 때문이다. 피해 사례에 관해 이야기를 나누다 보면 하나같이 손을 들고 말한다.

출처: 김태주, "'벗어봐' 초등생들 가상현실서 아바타 성희롱", 〈조선일보〉, 2021. 4. 22.

한 학생은 게임 채팅방에 초대되어 수십 명으로부터 폭언과 성희롱을 당했다. 초등학교 5학년 여학생은 메타버스 게임에서 아바타를 만들었는데, 어떤 채팅방에 초대되었다. 방 제목이 "처음 시작하는 분? 우리 알아가고 친해져요^^"였다.

이 게임이 처음이라 서로 반갑게 인사하고 친구를 사귈 생각에 무척 기대하며 들어갔다. 그런데, 방에 들어가자마자 돌아온 건 "××년, ×× 잘 들어왔다", "이리 와서 눕고 벗어봐. ××해 줄게" 등 충격적인 폭언과 성희롱이었다. 학생은 충격을 받았고 '도대체 왜 내가 이런 말을 들어야 하지? 내가 잘못한 게 있나?'라고 속상해하며 울었다. 며칠간 자신에게 성폭력을 가했던 아바타의 얼굴, 옷, 채팅 내용 떠올라 괴로워했고 결국 상담까지 받았다.

역할 놀이하자는 '아바타', 성착취 노린 30대 남성

메타버스 안에서는 아바타라는 익명성을 무기 삼아 온라인에 친숙한 아이들을 대상으로 성범죄를 저지른다. 최근 제페토에서 성착취 사건이 발생했다. 30대 남성이었던 범죄자는 제페토에서 미소년 같은 외모로 아바타를 꾸미고 "몇 살이니? 난 20살 멋진 대학생 오빠야. 함께 재미있게 놀자"라며 피해자들에게 접근해 성착취물을 제작했다.

이 범죄자는 아이들의 마음을 얻기 위해 유료 아이템(초콜릿 기프티콘) 등을 지속해서 보냈다. 그리고 메타버스 활동을 함께 하며 점점 친분을 쌓아갔다. 이어 '커플 사진'을 찍어준다고 하거나 "역할놀이를 하자"라며 놀기도 했다.

이 범죄자는 피해자들과 길게는 1~2개월 동안 연락하며 친분을 만들어갔다. 그리고 나중에는 비밀 놀이를 하자며 '몸을 찍은 사진과 영상을 보내 달라'고 요구했다. 결국에는 메타버스에서 다른 플랫폼으로 옮겨 메신저를 통해 전화를 걸어 성적 대화를 이어갔다. 범죄자는 자신의 몸을 찍은 영상을 피해자들에게 보

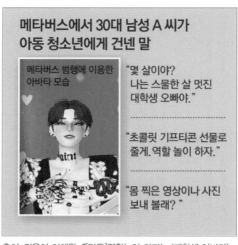

메타버스에서 30대 남성 A 씨가
아동 청소년에게 건넨 말

메타버스 범행에 이용한
아바타 모습

"몇 살이야?
나는 스물한 살 멋진
대학생 오빠야."

"초콜릿 기프티콘 선물로
줄게. 역할 놀이 하자."

"몸 찍은 영상이나 사진
보내 볼래?"

출처: 김윤이·이채완, "[단독]역할놀이 하자는 '대학생 아바타'…
잡고보니 성착취 노린 30대男", 〈동아일보〉, 2022. 4. 14.

내기까지 했다.

이와 같은 비슷한 수법으로 약 1년간 초등학생부터 고등학생
까지 아동·청소년 11명의 신체 사진 등을 받아 성착취물을 제작
해 보관했다. 선물을 주면서 관계를 형성한 뒤 피해자들이 노출
사진과 영상을 보내도록 한 전형적인 온라인 그루밍, 성착취 사
건이다.

결국 경찰은 이 범죄자를 위장 수사를 통해 검거했고 아동·청
소년의 성보호에 관한 법률 위반 혐의를 적용해 구속 송치했다.
그런데 검거 당시 이 범죄자의 모습은 아바타와는 완전 딴판이
었다. 일용직으로 일하는 범죄자의 집은 먹던 음식과 널브러진

옷, 성인용품 등으로 더럽게 어질러져 있었다. 이런 꾀죄죄한 범죄자는 제페토에서 무려 5개의 계정을 만들어 사용했다. 계정이 정지된 뒤에도 새 계정으로 재가입해 아동·청소년에게 접근하며 범죄를 저질렀다.

성폭력 무법천지인 메타버스, 함께 준비해야 한다

위에 사례에서 보다시피 아바타를 이용한 성추행만 발생하지 않는다. 메타버스에서 만남이 다른 플랫폼으로 옮겨 범죄가 확장되고 더 심각해진다. 제페토라는 메타버스 공간에서 친밀해지면 곧이어 오픈 채팅, 카카오톡, 메시지, 영상 통화까지 옮겨간다. 여기서 본격적으로 온라인 그루밍이나 성착취 행위들이 이루어지는 것이다.

우리는 직접 얼굴을 보지 못해도 채팅, 문자, 전화 등 다양한 방법으로 소통한다. 멀리 떨어져 있지만, 다양한 방법으로 관계를 형성해 간다. 메타버스 아바타는 그보다 훨씬 더 친밀해질 수 있는 곳이다. 자신의 아바타로 직접 만나 소통하기 때문이다. 메타버스의 아바타는 곧 자신과 동일시하므로 이 안에서의 소통은 현재 소통과도 다르지 않다.

여기서 반드시 알아야 할 것이 있다. 메타버스에서는 성범죄자라도 외모가 화려하거나 좋은 사람인 척 아바타로 아동·청소년에게 접근할 수 있다는 것이다. 더군다나 장소와 시간과 관계 없이 어디서나 성폭력이 발생할 수 있다. 바로 우리 아이가 가장 안전하다고 느끼는 집에서도 말이다. 이런 환경에서는 우리 아이가 피해자뿐만 아니라 가해자도 될 수 있다는 것을 기억해야 한다. 시간이 갈수록 이런 범죄가 폭발적으로 증가하고 있고 전문가로서 걱정되는 것이 사실이다.

그게 이 메타버스 성교육에 관한 두 번째 책을 집필한 이유기도 하다. 사전에 양육자들과 아이들에게 충분한 성교육과 준비가 필요하다. 특히 가정뿐만 아니라 학교, 사회, 정부가 메타버스 내에서 안전망을 만들 수 있도록 함께 힘써야 한다. 그게 무법천지인 메타버스를 조금이라도 안전하게 만들고 우리 아이들을 지킬 수 있는 유일한 방법이자 길이다.

메타버스 안의
성매매와 성착취

성매매는 우리나라 역사에서 빠질 수 없는 안타까운 성 관련 주제 중 하나다. 성매매는 전 세계 역사에서 아주 오래전부터 찾아볼 수 있지만, 우리나라는 성매매 합법이 아닌 나라임에도 불구하고 역사 곳곳에 성매매의 흔적을 찾아볼 수 있다.

메타버스 이야기를 하다가 갑자기 성매매가 왜 나오는 건지 당황스러울 수 있다. 그런데 메타버스 세상에서도, 현실이 아닌 가상공간에서도 성매매가 이루어진 적이 있고, 가상공간 내에서의 성매매가 현실의 성매매 또는 성착취와 연결되는 통로로 사용되기도 한다. 메타버스 안에서 성매매나 성착취가 어떻게 일어나는지 몇 가지 예시를 살펴보자.

메타버스 게임 '심즈'의 배신

2000년에 나온 '심즈'라는 게임이 있다. 심즈는 가상 세계에서 내 아바타를 가지고 인생을 설계하고 살아가는 게임이다. 그 안에서 자신의 아바타를 가지고 학교도 가고 직장도 다니며 실제 삶과 비슷한 활동을 한다. 연애, 결혼, 육아 등도 할 수 있고 아바타를 꾸미고 특정 활동을 하기 위해서는 게임머니가 필요하다. 처음에는 컴퓨터 CD 게임이었는데, 플레이스테이션과 닌텐도로도 즐길 수 있었고, 나중에는 모바일로도 할 수 있게 되었다.

게임을 하던 사람들은 처음에는 흥미로워하다가 게임 안에서 할 수 있는 특별한 것을 찾거나 시도하고 시작했고, 그 안에서 아바타를 어떻게 하면 죽일 수 있는지 실험하는 행동을 하기도 했다. 어떤 사람들은 아바타가 몸을 씻거나 알몸일 때 모자이크로 가려놓은 부분을 삭제할 수 있는 프로그램을 개발하기도 했다. 그런 와중에도 전 세계적으로 엄청난 인기를 얻어 심즈4까지 나왔다.

사람들은 게임 안에서 더 자극적인 요소들을 찾고 만들기 시작했다. 그중 하나가 '리얼 사랑 모드'이다. 심즈에서는 '사랑 나누기'가 있는데 아바타끼리 성관계를 하는 것이다. 계속해서 여러 번 성관계할 수 있고, 성관계를 하고 나면 임신을 하기도 하고 서로의 만족도가 표시되기도 한다. 문제는 기존 사랑 나누기에는 성관계 장면이 가려져 나오는데, 리얼 사랑 모드를 설치하면 아바타가 실제 성관계를 하는 장면이 적나라하게 나온다는 것이다.

또 다른 것으로는 '멀티 플레이어 모드'가 있는데, CD 게임으로 혼자서 플레이하는 심즈를 다른 사람과 함께 플레이하는 것이다. 문제는 유저들끼리 만나서 게임 내에서 성관계를 하는 것이다. 기본적으로는 다른 유저에게 성관계를 제안하도록 되어있지만, 종종 그런 옵션을 제거하거나 컨트롤하지 못하게 만드는 프로그램을 심어놓고 상대방이 거절하지 못하도록 설정해 놓은 상황에서 계속해서 성관계를 하기도 한다.

이처럼 사람들이 게임 안에서 자체적으로 계속해서 자극적인 요소를 찾아내거나 만들어서 시도했다. 급기야 게임 안에서 뭔가를 할 때 필요한 게임머니를 벌기 위해 무엇을 하면 좋을까 고민하던 한 유저는 성매매를 연상하게 하는 장소까지 만들었다. 아바타가 하는 것이기 때문에 실제와 같이 성행위를 하는 것은 아니지만 본인이 돈을 받고 유저들끼리 성적 대화를 나눌 수 있도록 시스템을 만들었다. 이 일이 점점 커지고 많은 사람이 알게 되자 이 시스템을 만든 유저를 포주라고 인식하게 되었다.

'세컨드라이프'의 충격적인 문화

세컨드라이프는 2003년쯤 미국에서 만든 게임이다. 가상현실 플랫폼 안에서 아바타를 만들고 사람들과 소통하고 아바타 꾸미기도 하는 게임이라고 생각하면 된다. 세컨드라이프는 가상현실 중에서도 3D 가상현실이기 때문에 360도 회전이 가능하고 몰입감이 더 많이 느껴지는 특징이 있다.

특이한 점은 이런 가상현실 안에서 사람들을 사귀고 놀 수 있는 장을 마련했음에도 유저들은 더 흥미롭고 자극적인 것을 원했다. 그 안에서 자신이 원하는 것을 만들 수 있고 게임머니를 현금화할 수 있는 세컨드라이프의 특성을 활용해, 어떤 사람들은 게임 안에서 카지노를 만들었고 어떤 사람은 성매매 업소를 만들었다. 다른 이용자들은 게임머니를 내고 카지노를 이용하거나 성매매 업소를 경험하게 되었다.

사람들이 열광할 수밖에 없었던 이유는, 실제로 게임 안에서 돈을 따면 현금화할 수 있는 게임머니를 상품으로 받게 되고, 현실에서 경험하기 어려운 성매매를 게임 안에서 생각보다 리얼하게 즐길 수 있었기 때문이다. 결국 세컨드라이프는 여러 가지 문제로 서비스를 중단하게 되었다.

2022년, 메타버스 안의 성매매와 성착취

앞의 예시들이 어떻게 느껴지는가? 아마 양육자 입장에서는 상상도 못한 일이라 놀랍기도 하고 '엄청 옛날 일 아니야?'라고 생각할 수도 있을 것이다. 그럼 2023년 현재 우리 아이들이 경험하는 메타버스에서는 성매매나 성착취가 이루어지지 않는지 생각해 볼 필요가 있다. 덧붙여 아이들이 옛날에 있었던 일들을 전혀 접할 가능성이 없는지도 생각해 봐야 한다.

실제로 유튜브에 심즈와 세컨드라이프를 성과 관련된 키워드와 함께 검색하면, 유튜버들이 해당 게임 안에서 성관계, 성매매하는 모습을 보여주면서 게임 설명을 하는 콘텐츠들이 굉장히 많이 나온다. 자극적인 썸네일과 제목을 사용해 눈길이 가게 하는 것도 한몫을 한다. 심지어 세컨드라이프는 지난 2022년 1월, 20년 만에 다시 '메타버스 시대'에 합류하기 위해 서비스를 준비한다고 밝히기도 했다. 그러니 우리 아이들이 현재 메타버스 안에서의 성행위나 성매매를 접하고 경험하게 될 가능성도 다시 높아진다는 것을 알아차려야 한다.

또한 아이들이 메타버스 안에서 원하는 아이템들을 갖고 싶어 하는 마음을 이용하는 범죄도 많다. 예를 들어 그 안에서 만

실제 유튜브에 '심즈4'와 성 관련 키워드를 검색했을 때 나오는 유튜브 썸네일
출처: 유튜브 '김래일', 유튜브 '석돌'

난 친구가 원하는 아이템을 줄 테니 자신이 원하는 것을 들어달라고 하면 아이들은 쉽게 응할 수 있는 것이다. 이럴 경우 아이들에게 성적 농담을 들어달라고 하거나 성적 장면을 연상하는 상황극을 같이 하자고 제안한다. 심각한 경우 자신의 몸 사진을 찍어서 보내라고 할 수도 있다. 설마 그런 일이 있을까 싶지만, 종종 이런 사건들이 발생해 양육자가 우연히 발견해서 자주스쿨로 도움을 요청하는 사례들도 있다.

메타버스 안에는 다양한 일들이 일어나지만, 양육자가 개입하지 못하는 이유는 잘 모르기 때문이다. 메타버스가 어디까지 어떻게 발전했는지, 메타버스 시대의 성문화가 어떻게 변하고 우리 아이들에게 어떤 영향을 줄 것인지 알아차리지 못하면, 우리 아이들이 위험에 빠져도 도와줄 수 없게 된다. 그러니 메타버스 시대에 어떤 것들이 변할지 관심을 가지는 것이 필요하다.

더불어 메타버스 세계는 현실을 기반으로 만들어진다. 결국 메타버스도 인간의 지식과 삶, 상상력이 합쳐져서 만들어진 것이기 때문이다. 그러니 우리 아이들이 사용하는 메타버스 안의 건강하고 안전한 성문화를 원한다면, 이 사회의 어른으로서 아이들에게 부끄럽지 않은 현실 속의 성문화부터 만들어가야 할 것이다.

메타버스의
실제 사례

알파 세대 아이들은 태어날 때부터 인터넷, 스마트폰, 메타버스까지 경험한 디지털 원주민 세대다. 온라인에서 활동하는 것이 오프라인보다 더 자연스럽다. 아이들에게 스마트폰과 온라인 활동은 밥을 먹는 것과 같다. 공부보다 더 중요한 것이 디지털 세상이자 게임이다.

아이들은 어른들이 맞춰놓은 현실보다 자신들이 자유롭게 주체적으로 활동하는 메타버스를 훨씬 더 좋아한다. 현실 세계보다 온라인 세계가 훨씬 더 친숙하고 자신의 끼를 맘껏 펼칠 수 있는 주 무대이기 때문이다.

그런데 아이들의 터전인 메타버스가 실제 우리 아이들의 성생활에 어떻게 영향을 미칠까? 10년 넘게 현장에서 뛰면서 수많은 성폭력 사례를 접하면서, 디지털과 메타버스 성폭력이 우리 턱 끝까지 가까이 왔음을 실감했다. 이 안에서 도대체 무슨 일이 일어나고 있는지 양육자들은 명확하게 인지하고 있어야 대비할 수 있다. 그래서 실제 현장에서 만났던 사례를 통해 메타버스 성 범죄 사례를 낱낱이 전하고자 한다.

제페토에서 만난 친구가 진짜 친구라고?

메타버스 플랫폼 제페토는 2022년 말 가입자가 4억 명을 돌파했다. 그런데 현재 메타버스 성폭력이 가장 많이 일어나는 공간 또한 제페토다. 성범죄자들이 아이들에게 온라인 그루밍 범죄를 저지르기 쉬운 최적의 장소다.

제페토에서 즐겁게 활동했던 초등 4학년 여학생이 있었다. 어느 날 제페토에서 연예인처럼 멋지게 차려입은 아바타를 만났다. 머리부터 발끝까지 화려한 아바타 모습에 마음이 끌렸다. 그 아바타는 자신과 친구 하자고 말을 걸었고 둘은 대화를 나눴다.

자신이 20대이며 공무원이라고 소개한 이 남성은 여학생에게 젬(제페토의 머니), 초콜릿, 문화상품권 쿠폰을 선물했다. 하나하나 다정하게 챙겨주는 이 남성을 보며 여학생도 경계심이 풀렸고 둘은 속 깊은 이야기를 나누기도 했다. 어느덧 대화는 카카오톡 메신저로 옮겨졌다. 메신저뿐만 아니라 목소리를 주고받을 수 있는 보이스톡으로 서로의 목소리를 들으며 연락했다.

4학년 여학생은 한 번도 만난 적이 없었던 사람을 '진짜 친구'라고 했다. 우리로서는 믿기지 않지만, 양육자와도 못한 속 깊은 이야기를 이 사람과 했으니 아이들 사이에서는 친구로 불릴 수 있다.

실제로 학생들은 온라인으로 형성된 관계가 진짜 관계라고 생각하는 경우가 많다. 학생뿐만이 아니라 우리 성인들도 페이스북, 인스타그램에서 관계를 먼저 맺어온 사람과 만나기도 한다. 이렇게 온라인에서 먼저 관계 형성을 하면 처음 만났을 때보다 훨씬 더 친숙하다. 디지털 현실이 진짜 현실과 유기적으로 연결되었기 때문이다.

처음에는 남성이 맛있는 것도 사주며 잘해주는가 했지만, 코인 노래방으로 들어가더니 갑자기 돌변해 여학생의 몸을 더듬었다. 아이가 왜 이러냐며 저항하자. "가만있어! 안 그러면 너와 내가 나눴던 내용이나 사진 등 다 엄마한테 말한다?"라며 협박했다. 전형적인 그루밍 성범죄였고 아이의 숨통을 서서히 조르는 통제 단계였다. 메타버스에서 아바타로 만난 것이 실제 세계로 넘어와 성범죄로 이어진 것이다.

로블록스에서 만난 소름 끼치는 성범죄자

온라인 그루밍 성범죄 사건을 상담하며 소름 끼치는 일이 몇 번 있었다. 바로 초등 5학년 남학생 A가 로블록스를 통해 겪었던 사례다.

로블록스 게임을 무척 좋아하는 A는 내성적인 아이였는데, 집과 학교에서 매번 공부로 인한 스트레스를 받곤 했다. 그런 A의 유일한 탈출구는 바로 '로블록스'였다. A는 그 안에서 주인공이 되어 자유롭게 훨훨 날아다녔다. 엄마, 아빠, 학교 친구들보다 로블록스에서 만난 친구들과 훨씬 더 친밀한 관계를 형성했다. 평소에 과묵하고 조용했던 A가 메타버스 게임을 할 때면 이가 다 보일 정도로 환하게 웃었다.

어느 날 로블록스에서 게임을 하면서 친해진 유저가 있었다. 대화를 나눠보니 본인과 같은 초등 5학년이며 여성이라고 말했다. 동갑인 둘은 금세 친해졌다. 여자 유저는 굉장히 적극적으로 대화를 이끌어갔으며 카카오톡 메신저도 주고받았다. 서로의 일상을 메신저와 사진으로 공유하며 거의 연애하다시피 관계는 깊어졌다.

그러던 어느 날 그 여학생이 "너에게만 보여줄게"라며 자신의 입술, 가슴, 성기 사진을 보냈다. 남학생은 깜짝 놀라 "왜 이걸 나한테 보내?"라며 물어봤다. 그러자 여학생은 "내 몸 이쁘지 않아? 너 좋아해서 특별히 너에게만 보내는 거야"라고 했다. 남학생은 당황하긴 했지만 자기도 그 여학생을 좋아했기에 "응, 알겠어!"라고 답했다.

곧이어 그 여학생은 "내가 보냈으니 이제 너의 성기 사진도 찍어서 보내줘. 네가 안 보내면 우리 연인 사이 아니야"라고 말했다. 남학생은 어쩔 수 없이 자기 것도 찍어서 보냈다.

얼마 후에 그 여학생은 남학생에게 이제는 실제로 보고 싶다며 곧 만나자고 했다. 그리고 정확한 집 주소를 알려달라고 했다. 남학생은 그 말에 순순히 답했다. 그 후 여학생이 충격적인 대답을 했다.

"응! 알겠어. 지금 '네비' 찍고 갈게."

알고 보니 여학생이 아니라 여학생을 사칭한 성인 남성이었다. 자기의 몸이라고 보냈던 사진도 다른 아동의 성착취물이었다. 자신의 정체가 들키자 이 남성은 "그동안 주고받았던 모든 대화 내용과 몸 사진까지 가족과 학교에 다 뿌릴 거야. 너 내가 시키는 대로 돈 보내"라며 협박했다. 아이가 울고 무서워하자 다행히 양육자가 알게 되어 곧바로 경찰에 신고했다.

양육자는 성교육이 필요하다고 느꼈는지 자주스쿨로 찾아왔다. 처음 양육자와 아이를 만났을 때는 하늘이 무너진 표정을 짓고 있었다. 특히 아이는 어린 나이에 인간에 대한 환멸과 두려움을 느끼는 것 같았다. 자신과 연인처럼 친밀히 소통했던 사람이 자신을 이용하려는 성범죄자였기 때문이다.

아이에게 "절대 너의 잘못이 아니다"라며 개인 성교육과 상담을 쭉 이어갔다. 다회기의 상담과 교육 끝에 아이와 양육자 모두 어느 정도 회복했지만, 개인적으로는 너무 안타까웠다. 만약 실제로 이 사람을 만났다면 어떤 끔찍한 일이 벌어졌을지 모른다. 이런 일이 지금도 비일비재하게 일어나고 있다.

성교육은 관계 회복이자 생존이다

"강사님을 강의를 좀만 일찍 들었어도 좋았을 텐데……." 전국으로 성교육 강의를 다니며 양육자들에게 수없이 들은 말이다. 왜 성교육은 어떤 일이나 사건이 발생하고 나서야 중요성을 알게 되는지 너무 안타깝다. 나는 양육자부터 먼저 성교육을 받아 아이와 대화하고 소통의 문을 열었으면 좋겠다. 그래야 아이들에게 무슨 일이 생겨도 양육자한테 말할 수 있기 때문이다.

김포에서 강의를 통해 인연을 맺은 세 남매를 키우는 엄마는 이렇게 말했다.

"강사님! 덕분에 아이들과 성에 관해 자연스럽게 대화하고 친밀해질 수 있었어요. 요즘은 생존 수영 교육이 거의 필수가 되었다고 하잖아요. 우리 아이들도 처음에는 물을 두려워했는데, 계속 배우니 매일 배우고 싶다고 하더라고요. 성도 우리 생존에 있어 꼭 필요한 거 아닌가요? 저는 성교육도 수영처럼 차근차근히 접근했습니다. 성교육도 처음에는 좀 어색할지 몰라도 수영처럼 계속 배우다 보면 자연스럽고 익숙해질 거라 생각해요. 학교, 기관, 기업 모두 '생존 성교육'을 했으면 좋겠어요. 강사님 강의를 들으니 더욱 필요하다고 생각합니다."

양육자의 말을 듣고 눈시울이 붉어질 정도로 감동받았다. 아마 이런 어른들이 많아지면 우리가 사는 세상이 더 안전하고 행복할 것이다.

우리는 다가오는 메타버스 세상을 마냥 기다리거나 두려워하면 안 된다. 제대로 직면하고 준비해야 안전하고 올바른 세상을 만들 수 있을 것이다. 그 시작이자 출발이 바로 가정이다.

2부

메타버스와 성문화, 올바른 관심을 가져라

3장

—

메타버스
성문화의 유토피아,
가능한 이야기

대화는
언제나 옳다

전국을 다니며 수십만 명의 양육자님들을 만났다. 성교육에 대해 다들 어려워하고 막막했지만, 그중에 유달리 잘하는 분들의 특징이 있었다. 바로 아이와 '대화'를 잘한다는 것이다. 경기도에서 초등학생부터 청소년 아이까지 4남매를 양육하는 엄마가 있었다. 이분은 아이들이 어릴 때부터 성에 관한 대화를 아주 자연스럽게 주고받았다.

둘째가 초등 4학년 때 연애를 했는데, 고민 있을 때마다 엄마에게 친구처럼 말했다곤 했다. 보통 아이들은 연애하게 되면 양육자가 하지 말라고 할까 봐 숨기는 편인데, 오히려 이 아이는 엄마에게 친구처럼 편하게 이야기했다. 어떻게 이게 가능했을까?

성교육 이전에 일상적인 대화부터 하기

이 분에게 아이들과 대화하는 잘하는 비결을 물어봤더니 다음과 같이 답했다. "성에 관한 주제가 나왔을 때 강압적으로 말하거나 다짜고짜 묻지 않았어요. 아이와 먼저 함께하는 시간을 늘리고 일상적인 대화를 주고받으니 성교육도 자연스럽게 되더라고요. 미리 강사님의 성교육 책을 읽어본 것도 많이 도움이 되었습니다."

그렇다. 성교육의 중요한 핵심을 제대로 알고 있었다. 바로 성교육을 하기 전에 '먼저 일상적인 대화부터 시작하는 것'이다. 아이와 성에 관해 진술하고 편하게 대화를 나누고 싶은가? 그러면 먼저 아이에게 관심을 갖고 일상을 물어보자.

아이가 학교에서 무슨 일을 했는지, 학교에서 친구와 어떻게 지내는지, 요즘 좋아하거나 하고 싶은 게 무엇인지 등 다양한 주제를 나누면 된다. 이렇게 일상적인 대화를 통해 관계 형성이 잘돼야 성교육으로 들어가는 문을 열 수 있다. 성교육은 지식의 교육이 아니라 '대화'이자 '가치관'에 대한 교육이기 때문이다.

그럼 아이와 가정에서 언제 성에 관한 대화를 나누면 좋을까? 이제부터 소개하는 방법을 기억하고 꼭 활용해 보자.

성 대화를 나눌 현실적인 타이밍

가정에서 언제, 어떻게 성에 관한 대화를 나눌 수 있을까? 다음 세 가지 상황에서 적절하게 대화 나누는 방법을 알고 적용하면 된다.

아이가 먼저 질문하는 경우

"엄마! 아기는 어떻게 생겨? 왜 아빠와 내 고추 크기는 달라?" 아이들이 성에 관한 궁금증을 먼저 양육자에게 물어볼 때가 있다. 보통 이럴 때는 당황하는 분들이 많은데, 오히려 신이 주신 절호의 찬스다. 아이가 이렇게 먼저 물어본다는 건 그만큼 양육자를 신뢰하기 때문이다. 바로 이때 성교육할 아주 좋은 기회가 생긴 것이다.

밝은 미소를 지으며 아이의 질문에 관해 물어보고 대화하자. 질문하기 어렵다면 "아빠가 성교육 책 사올 때니깐 같이 한 번 보면서 알아보자"라고 하면 된다. 이때 대화를 잘 나누면 아이들은 양육자에게 성에 관해 궁금한 게 있을 때마다 물어본다. 아이와 친밀해지고 덤으로 성교육까지 하게 되는 것이다.

학교, 기관에서 성교육을 받거나 성교육 책을 보고 온 경우

이럴 때는 아이가 성교육이나 성교육 책에서 어떤 내용을 배웠는지 물어보면 된다. 내가 먼저 지레 판단하지 말고 질문을 통해 어디까지 배웠는지 알아가는 것이 중요하다. 아이가 배운 내용에 대해 맞춤 형식으로 다음과 같이 대화를 주고받으면 된다.

> **양육자:** "오늘 성교육 받고 왔구나. 성교육 시간에 어떤 걸 배웠어?
>
> **아이:** 몽정과 월경 등 사춘기 몸의 변화에 대해 배웠어요.
>
> **양육자:** 오, 우리 중요한 우리 몸과 변화에 배웠네! 몽정과 월경에 대해 배우니깐 어때? 궁금한 건 없고?"

대화를 나누다 보면 아이가 궁금한 내용을 더 물어볼 수 있다. 그럴 때는 양육자가 알고 있는 선에서 대답해 주면 된다. 평소에 전문가의 성교육을 듣거나 책을 통해 미리 공부했던 분들은 어렵지 않게 대답할 수 있을 것이다.

TV, 유튜브를 보다 성에 관한 주제가 나왔을 때

요즘 워낙 미디어가 발달했기 때문에 매체를 보다가 성 콘텐츠를 접하는 경우가 많다. TV나 유튜브에서 키스나 잠자리를 하는 장면을 보았다고 생각해 보자. 당신은 어떻게 대처할 것인가? 보통 이런 경우 민망한 나머지 TV를 끄거나 다른 채널로 돌리고 한다. 하지만 그래서는 안 된다. 그렇게 경직된 태도를 보이면 아이는 이 상황을 매우 이상하거나 부끄럽게 느낄 것이고 성 대화를 나누기 어렵다.

오히려 이런 장면들을 보며 어떤 느낌이 들었는지 대화를 나누면 된다. 아이가 이해할 수 있는 방식으로 설명하자. 되도록 아이가 바로 이해할 수 있도록 간단하고 명확하게 설명하는 것이 좋다.

"서로 사랑하면 저렇게 안고 키스할 수도 있어. 부끄럽거나 나쁜 게 아니야. 다만, 서로 동의를 얻어야 하고 존중할 때 가능해." 오히려 미디어를 통해 역으로 성교육을 하면 되는 것이다. 이때 중요한 것은 대화이기 때문에 양육자의 생각이나 가치관을 강요해서는 안 된다.

아이와 대화를 나눌 때 주의할 점 두 가지

위에 방식대로 아이와 대화를 나누되 주의할 점 두 가지가 있다. 첫째, 아이가 뻘쭘해 하거나 부끄러워할 때는 하지 않는 것이다. 아이가 민망해하는 상황에서 오히려 어설프게 성에 관한 대화를 시도했다가는 역효과가 난다. 아이가 그 상황이 싫어 손사래를 칠 것이 분명하기 때문이다. 아이가 부끄러워한다면 센스 있게 대화를 멈추고 다른 주제로 대화를 이어가자.

둘째, 몽정, 월경, 자위 등 성은 사생활이기 때문에 꼬치꼬치 묻거나 다른 사람 앞에서는 말하지 않아야 한다. 어떤 대화든 가족끼리는 모두가 알아야 하니 나눠야 한다는 양육자들이 있다. 절대 해서는 안 될 행동이다. 가족끼리도 터놓고 나눌 수 없는 주제가 분명히 있다. 성도 마찬가지다. 가정 안에서 서로 지켜야 할 선과 경계가 있다는 것을 명심하자.

지금 바로 아이와 대화를 시작하자

아이와 대화를 잘하기 위해 육아 전문가들이 추천하는 가장 쉽고 좋은 방법은 '시간이 될 때마다 같이 밥을 먹는 것'이다. 한 연구에 따르면 가족과 함께 식사하는 빈도가 높은 아이일수록 양육자와 정서적인 교감을 잘 이루는 것으로 나타났다. 실제로 내가 만난 아이와 친밀한 관계를 가진 양육자들은 시간을 내기 위해 계속 노력하고 시도했다.

'구슬도 꿰어야 서 말이다.' 당장 일상적인 대화부터 시작해 보자. 하루에 단 10분이라도 아이와 둘이 대화를 나눠도 좋다. 막상 대화를 시도하려고 하는데 아이가 말이 없다거나 툭툭 내뱉어도 속상해하지 말자. 그동안 아이와 대화를 시도하지 않았기 때문에 어쩌면 당연한 결과다. 양육자는 언제든 아이와 대화의 가능성을 열어두는 게 매우 중요하다. 지금이라도 아이와 함께하는 시간을 늘리고 대화를 시작해 보자.

메타버스 세상으로
들어가라

성교육을 할 때 나는 아이들과 만난 지 5분 만에 금세 친해진다. 아이들은 자신의 엄마, 아빠에게도 못했던 속 이야기를 나에게 바로 꺼내기도 한다. 내가 아이들과 빠른 시간 안에 깊게 소통할 수 있는 이유는 무엇일까? 그건 바로 아이들의 세상인 '메타버스'를 제대로 이해하고 있기 때문이다.

초등 5학년 남학생 대상으로 소그룹 성교육을 나간 적이 있다. 보통 아이들은 양육자의 신청으로 성교육을 받기 때문에 처음 만나면 어색해하고 좀 풀이 죽어있다. 그래서 나는 바로 성교육을 하지 않고 아이들이 좋아하고 관심 있어 하는 주제로 대화를 나눈다.

로블록스, 제페토, 마인크래프트, 배틀그라운드 등 다양한 메타버스 게임에 관해 잠시 대화를 주고받는다. 그럼 아이들은 "오! 선생님 로블록스 아세요? 또 어떤 게임 좋아해요?"라고 이야기하면서 마음의 문을 활짝 연다. 그때부터 성교육은 아주 쉽게 술술 풀린다.

디지털 이주민인 우리가 디지털 원주인 세대인 아이와 친해지는 유일한 방법은 메타버스 세상으로 직접 들어가는 것이다. 이제 양육자가 먼저 메타버스 세상으로 직접 들어가서 소통해보자. 그럼 메타버스에 대한 걱정 대신 인정하게 될 것이고 불안했던 마음은 평안해질 것이다. 덤으로 아이와 둘도 없는 친한 사이가 될 것이다.

초등 4학년 학생이 제페토로 전교 '인싸' 된 이유

초등 4학년인 한 학생은 제페토를 시작한 지 3개월이 되었다. 단기간 안에 제페토를 숙달하고 종횡무진 활동했다. 마침 학교에서 제페토를 가지고 수업을 했는데, 이 학생은 가장 주체적으로 미션을 해결하고 잘 모르는 친구들에게 방법을 알려주기도 했다. 내성적인 이 학생은 전교생에게 '우리 학교 인싸'라는 별명이 붙었다.

어떻게 3개월 만에 제페토를 그렇게 잘하게 되었는지 물었더니 학생은 이렇게 답했다. "집에서 엄마, 아빠와 함께 제페토를 하거든요. 길게 하지는 않고 하루 30분 정도 해요. 서로 모르는 걸 알려주고 도와주다 보니 금방 실력이 늘었어요. 게임을 허락하고 함께해 준 엄마가 너무 좋아요."

내가 만난 양육자들의 10명 중 9명은 아이가 메타버스를 경험하는 것을 막연히 걱정한다. 근데 이 양육자는 오히려 아이와 함께 메타버스를 즐겼다. 덕분에 내성적이었던 아이는 좀 더 외향적이고 친절한 아이가 되었고 인간관계도 돈독해졌다. 양육자가 매우 지혜롭게 다가간 것이다. 현재 이 학생은 제페토에서 아이템을 만들어 판매하며 경제 활동도 하고 있으며, 인플루언서가 되어 인기와 수입을 동시에 얻고 있다.

메타버스를 모르면 아이에게 도움을 요청하자

처음 메타버스에서 활동하는 게 어색하고 힘들 수 있다. 마치 외국에 가서 여행하는 것과 비슷한 느낌이다. 그럴 때는 먼저 여행했거나 길을 잘 아는 사람이나 전문가에게 물어보면 된다. 전문가는 바로 우리 옆에 있다. 바로 내 '아이'다.

자주스쿨에서 이프랜드를 통해 메타버스 성교육을 진행할 때 깜짝 놀란 부분이 있다. 우리가 1주일 동안 끙끙 싸매고 배웠던 기술을 아이들은 단 몇 시간 만에 완전히 이해하고 응용한 것이다. 아이들에게 메타버스 성교육을 하며 우리도 몰랐던 새로운 기능을 배우기도 했다. 양육자에게도 같은 교육을 진행한 적이 있었는데 배우는 속도가 10배 가까이 차이 났다.

그만큼 아이들은 메타버스라는 디지털 세상을 아주 빠르게 이해하고 활용한다. 이런 아이한테 메타버스를 배우는 것이 가장 빠르고 좋은 방법이다. 다음과 같이 도움을 요청해 보자. "아빠가(엄마가) 제페토를 하고 싶은데, 네 도움이 필요해. 좀 도와줄래?" 그럼 대부분 아이는 자기가 알고 있는 분야라 친절하게 안내하고 알려줄 것이다.

이렇게 아이에게 도움을 요청하면 여러 이점이 있다. 심리학 박사 이민규 교수는 저서 《실행이 답이다》(더난출판사, 2019)에서 아이들에게 지시나 명령 대신 부탁이나 요청을 하면 세 가지 좋은 점이 있다고 말했다. 첫째, 거부감을 줄여주기 때문에 아이들을 설득할 가능성이 커진다. 둘째, 존중받는다는 생각을 하게 되어 아이들의 자존감이 높아진다. 셋째, 결과적으로 자녀와의 관계도 좋아진다.

양육자가 이렇게 도움을 요청하게 되면, 함께하는 과정에서 아이의 문제해결력과 자존감이 높아진다. 도움을 제공한 사람이 도움을 요청한 사람에게 호의를 느끼게 되는 효과(벤저민 프랭클린 효과) 때문이다. 메타버스를 배울 뿐만 아니라 아이와 덤으로 친해질 수 있는 일거양득의 효과를 볼 수 있다.

양육자가 먼저 메타버스를 알아야 지도할 수 있다

《지금 해야 늦지 않는 메타버스 성교육》 책을 출간한 후 얼마 되지 않아 JTBC 뉴스룸에서 '메타버스 성범죄와 성교육'에 관해 전문가 인터뷰를 요청받았다. 그때 내가 양육자 대상으로 메타버스 성교육을 진행하는 것을 촬영했는데, 강조하고 싶었던 말이 JTBC 뉴스룸 방송에도 나왔다.

"우리 아이들에게요. 로블록스, 제페토를 하지 말라는 건 '엄마 아빠, 카페 가지 마세요!' 이거랑 똑같습니다. 아이들이 거기 안에서 소통하는 거예요."

"아이가 메타버스 안에서 무엇을 하고 있고 이 세상에서 어떻게 소통하고 있는지 정도는 우리 양육자님들이 반드시 아셔야 해요."

방송에서 말했던 위에 두 주장의 공통점이 무엇인지 아는가? 그렇다. 양육자가 먼저 아이들의 메타버스 세상을 들어가 소통하라는 것이다. 메타버스는 아이들에게 단순한 게임이 아니다. 우리가 카페에서 사람을 만나고 소통하듯이 아이들에게는 집이자 놀이터다.

방송이 나간 이후로 전국의 양육자님들에게 연락을 받았다. "강사님이 출연한 방송 보고 게임을 하는 아이를 혼내지 않고 함께 했어요. 처음에는 좀 어색했는데 아이가 너무 좋아하더라고요" 많은 분의 변화와 긍정적인 후기를 직접 들어 뿌듯했다.

메타버스는 강력한 흡입력과 몰입을 유발한다. 가상 세계에서 자신을 상징하는 아바타가 실제 타인들과 교류하는 하나의 '세상'이기 때문이다. 이 세계를 양육자가 먼저 제대로 이해해야 아이를 지도할 수 있다. 우리는 메타버스 세상에서 현재 어떤 일들이 일어나고 있는지 배워야 한다.

이 책을 읽는 양육자들은 이미 상위 5퍼센트로 그럴 준비가 충분히 되어있다고 확신한다. 먼저 메타버스 세상에 들어가 우리 아이들을 안전한 길로 인도하고 지도하자.

아날로그를 위한
시간도 필요하다

하루 평균 2,600번의 터치, 스크린 타임은 3시간 이상, 아침에 눈뜰 때부터 밤에 잠들기 전까지 우리의 일거수일투족을 함께하는 물건은 무엇일까? 다름 아닌 '스마트폰'이다. 스웨덴의 정신과 의사 안데르스 한센의 저서 《인스타 브레인》(김아영 역, 동양북스, 2020)에서 나오는 내용이다. 20세기 최고의 시간 도둑이 TV였다면, 21세기에는 스마트폰이 그 역할을 하고 있다.

코로나19 이후 사회적 거리 두기가 강화되며 디지털 기기와 미디어 사용량이 크게 늘었다. 대한민국의학한림원과 한국의학바이오기자협회에서 진행한 '코로나19 유행 전후 스마트폰 등 디지털 미디어의 사용 현황 설문 조사'에 따르면, 코로나19 이후 하루 평균 4시간 이상인 '과사용'이 2배나 증가했다고 한다(김잔

디, "코로나 사태 이후 스마트폰 과사용 심각", 〈연합뉴스〉, 2021. 10. 21.). 지하철만 타도 알 수 있다. 수많은 사람이 다 똑같이 스마트폰을 보고 있다. 몸은 현재에 있지만, 정신은 디지털 세상에 있는 것이다.

디지털 세상에 빠질수록 발생하는 문제

어릴 때부터 디지털 세상에서 빠지다 보면 가족 간 소통이 줄어들고 갈등이 늘어난다. 한 논문의 연구결과, 스마트폰 사용량이 많을수록 양육자와 아이가 친밀도가 떨어지고 자주 갈등을 겪는다고 한다. 스마트폰이 양육자와 아이의 가운데 장벽이 되어 점점 소통을 막고 있는 것이다.

문제는 디지털 세상에 오래 있을수록 선정적이고 자극적인 콘텐츠를 접한다는 것이다. 이제는 실시간으로 잘못된 방송을 접하고 반응한다. 중1 남학생이 한 플랫폼에서 BJ의 벗방(벗는 방송)을 보며 후원을 하다 들킨 적이 있다. 엄마의 카드를 몰래 사용해 몇백만 원이나 사용했기 때문이다.

아이는 "심심해서 계속 스마트폰을 하다가 우연히 광고를 보고 들어갔어요. 제가 돈을 후원하니깐 여성 BJ가 활짝 웃으며 '오빠 짱이야! 최고!'라고 반응하는 것이 너무 좋았어요. 그래서 저도 모르게 후원하며 카드를 계속 사용했어요"라고 말했다.

그뿐만 아니라 최근 콘텐츠를 더 짧고 강렬하게 소비하려는 추세가 강해지고 있다. 단적인 예로 유튜브 숏츠, 틱톡, 인스타그램 릴스 등 1분이 채 안 되는 길이로 이뤄진 숏폼 영상을 들 수 있다. 어떤 플랫폼이든 사람의 시선을 단 1초라도 디지털 세상에 머물게 하려고 안간힘을 쓰고 있다.

내가 아날로그 세상에 들어간 이유

솔직히 말하면 나도 디지털 세상에 흠뻑 빠진 중독자였다. 특히 스마트폰이 한시라도 내 곁에 없으면 계속 불안하고 일에 집중할 수 없었다. 어느 날 스마트폰 사용 시간을 확인해 보다가 깜짝 놀랐다. 1주일간 하루 평균 8시간 넘게 사용하고 있었기 때문이다. 하루의 3분의 1을 스마트폰만 사용한 셈이었다. 전날에도 자기 전까지 유튜브를 봤다.

그동안 강의 준비, 스케줄 조율, 고객 응대, 회사 운영, SNS 일상 업로드까지 1분 1초도 스마트폰과 뗄 수 없는 삶을 보냈다. 뭔가 일이 잘 풀릴 때도 계속해서 불안하고 공허한 마음이 들었는데, 여러 책을 읽으며 그 이유를 알게 됐다. 책에서는 공통적으로 스마트폰 사용량이 많고 디지털 세상을 과의존할수록 남과 비교하고 불안한 증세가 나온다고 했다.

계속 이런 삶이 지속되면 쓰러질 것 같아 큰 결심을 했다. 3일

정도 스마트폰 없이 생활하기 위해 여행을 떠난 것이다. 짧은 기간이었지만 주변 사람들에게 미리 말하고 큰 용기를 내어 스마트폰을 집에 두고 여행을 다녀왔다.

처음에는 '이게 가능할까?'라며 불안했지만 정반대였다. 아름다운 자연을 보며 걷고 독서를 하며 머리가 맑아지고 상쾌해지는 느낌을 받았다. 그동안은 남에게 보이는 '나'에게만 집중했다면, 남이 아닌 오롯이 '나'에게만 집중할 수 있었다. 덕분에 그동안 복잡했던 생각과 고민을 정리하고 돌아올 수 있었다. 삶의 만족도나 일의 능률도 300퍼센트 더 올라간 느낌이었다.

미국의 학술자료에 따르면 디지털 세상에서 잠시 벗어나는 것만으로도 집중력 향상, 감정 안정화, 대인 관계 개선, 창의성 향상, 수면 장애 개선 등 많은 긍정적인 작용이 있다고 말했다. 정신건강의학과 전문의에 따르면 '그냥 잠시 눈을 감고 가만히 있는 것'도 뇌와 몸을 릴랙스하는 좋은 방법이라고 했다. 그래서 나는 지금도 주기적으로 이런 아날로그 시간을 가지고 있다.

아날로그 시간을 통해 아이와 관계를 회복한 양육자

나처럼 디지털 홍수 속에 사는 우리는 이런 디지털 세상에서 잠시 벗어나 휴식이 필요하다. 메타버스와 디지털 시대에 발맞춰 적응하는 것도 필요하지만, 때로는 일상을 누릴 수 있는 시간과 여유가 있어야 한다. 이런 시간을 통해 현실 세계의 자아가 건강하고 튼튼해져야 아이들은 메타버스 안에서도 휘둘리지 않는다.

가정에서는 컴퓨터, TV, 스마트폰의 사용 규칙을 정하고 가족이 함께할 수 있는 취미 생활과 식사 시간을 공유하는 노력이 필요하다. 우리가 디지털 기기의 문제점을 제대로 이해하고 아날로그 시간을 갖기 위해 부단히 힘써야 하는 이유다.

내가 만났던 한 양육자도 디지털 사용 시간을 조율해 예민했던 사춘기 아이와 관계를 회복했다. 아이는 매일 방에서 혼자 컴퓨터와 게임에 푹 빠져 있었다. 걱정되어 상담을 받아보니 정서 상태가 매우 불안했고, 아이의 행동 원인 중 하나가 늦게까지 다니는 학원과 공부에 대한 스트레스였다. 스트레스를 디지털 세상에서 계속 풀고 있었던 것이다. 상담했던 의사는 아이와 스트레스를 줄이기 위해 현실에서 행복한 추억을 많이 만들라고 조언했다.

양육자는 결단을 내렸고 먼저 아이가 힘겨워하는 학원을 몇 개 쉬도록 했다. 그리고 일주일에 최소 세 번은 스마트폰을 집에 두고 아이와 밖을 다니며 대화를 나눴다. 아이도 처음에는 어려워하고 불편함을 표현했지만 조금씩 적응하기 시작했다.

특히 집에서도 식사 중에는 서로가 스마트폰을 사용하지 않았다. 약 두 달이 지나자 아이의 정서 상태가 놀랍게 안정되어

갔고 더는 게임만을 위해 방에 들어가지 않았다. 아날로그 시간을 위한 양육자의 결단과 노력 덕분에 아이와 다시 환하게 웃으며 대화를 나눌 수 있었다.

디지털에 빠진 아이를 케어하는 것도 양육자의 역할

학교나 교육의 시스템이 고도화되면 될수록 가정에서 해줘야 하는 것이 있다. 같이 디지털 세상에 빠지는 게 아니라, 아이가 잠시 나올 수 있도록 손을 내밀어주는 것이다. 나는 그게 바로 양육자가 아이에게 꼭 해줘야 하는 의무이자 역할이라 생각한다.

이제 아날로그 시간을 가지기 위해 의식적으로라도 노력해야 한다. 마이크로소프트 창업자 빌 게이츠는 "세 자녀의 스마트폰 사용을 엄격하게 통제하고 있습니다. 14세가 될 때까지 식탁에서도 스마트폰을 못 하게 합니다"라고 했다. 애플 창업자 스티브 잡스도 "집에서 아이들의 컴퓨터 사용을 엄격히 제한하고 있습니다"라고 말했다. 두 창업자 모두 이게 가능했던 이유는 자녀 앞에서 함부로 디지털 기기를 사용하지 않았기 때문이다.

특히 야외 활동은 체력과 건강에 좋은 영향을 미치는 것은 물론, 아동의 자연과 친밀한 관계를 형성하는 데도 도움이 된다. 미국 펜실베이니아 주립대학교에서 진행한 연구결과에 따르면,

자연과 교감하면서 즐기는 놀이는 아동의 스트레스를 줄이고, 자아존중감과 사회성을 향상시키는 데 긍정적인 영향을 끼친다고 했다.

내가 가장 추천하는 방법은 '산책'이다. 《움직임의 뇌과학》(캐럴라인 윌리엄스, 이영래 역, 갤리온, 2021)에 따르면 인간은 가볍게 산책하는 것만으로도 휴식과 동시에 인지 능력이 개선되고 심리적 안정감까지 얻는다고 한다. 이때 중요한 것은 스마트폰을 가지고 나가지 않는 것이다.

내가 어릴 때부터 엄마와 사이가 정말 각별하고 친밀해진 이유도 일주일에 2~3번 정도 같이 가볍게 산책하며 대화했기 때문이다. 스마트폰 없이 산책할 때 대화의 집중이나 몰입도가 훨씬 더 높았다. 덕분에 성에 관해서도 자연스럽게 나누고 소통할 수 있었다. 지금 이 책을 읽고 있는 여러분도 잠시 책을 덮은 뒤 스마트폰을 두고 아이와 가볍게 산책을 다녀오자.

디지털 중독을 예방하기 위해서는 무엇보다 온오프라인의 균형 잡힌 생활습관이 중요하다. 디지털 세상에 점점 오래 있는 만큼 얼굴을 마주 보고 함께하는 아날로그 시간도 늘려나가자. 아이들의 건강한 정서 발달에는 가족과의 관계가 큰 영향을 미친다. 그게 바로 양육자의 역할이다.

메타버스 시대 성교육을 위해
반드시 해야 하는 세 가지

양육자들은 아이에게 성교육을 잘하고 싶지만 어떻게 시작해야 할지 막막하고 어려워한다. 성교육을 잘하는 방법은 아주 다양하다. 수많은 지도 방법이 존재하지만, 지도 방법은 시대에 따라 바뀐다. 과거에는 양육자의 몸을 가정에서 자연스럽게 보여주는 것이 좋다고 말했다. 하지만 이제는 양육자의 몸을 함부로 보여주지 않고 서로의 경계를 존중해야 한다고 말한다.

아이 성교육은 자연스럽되 트렌드에 맞게 해야 한다. 계속 공부하고 민감하게 반응해야 한다. 그래서 메타버스 시대에 자연스럽고 효과적인 세 가지 성교육 방법을 소개한다. 이 세 가지 방법을 배우고 제대로 실천해도 아이에게 아주 쉽고 친근하게 성교육을 할 수 있을 것이다.

일상적인 대화로 관계 형성부터 하기

아이 성교육을 잘하기 위해서는 무엇보다 먼저 아이와 '대화'가 잘돼야 한다. 오프라인이나 온라인이나 모두 대화를 기본으로 서로를 알아가고 관계 형성을 한다. 대화가 잘 통하면 공감대 형성이 되고 처음 만난 사이라도 급격히 친해지고 대화가 잘 된다. 아이들이 게임이나 SNS에서 빠르게 친해지고 동질감을 형성하는 이유다.

이 책을 읽고 있는 여러분은 아이들과 대화를 잘하고 있는가? 하루에 얼마 정도 아이와 친밀한 대화를 나누고 있는지 한 번쯤 점검해 보자. 아무리 오랫동안 아는 사이라도 대화 자체가 안되면 관계 형성은 되지 않는다.

만약 아이와 대화도 잘 안 하는 상태에서 대뜸 "성폭력이 뭔지 알아?", "자위는 해봤어?" 등 뜬금없이 성에 대해 말하면 어떨까? 아이는 '무슨 소리지? 갑자기 왜?'라고 생각하며 거북하고 불편하게 느낄 것이다. 관계 형성이 되지 않는 상태에서 무작정 성을 이야기했기 때문이다.

양육자와 자녀 사이라도 성은 나누기 민감한 주제이자 사생활적인 부분이 많다. 우선 자녀와 대화를 통해 친밀해져야 성에 관한 이야기도 자연스럽게 할 수 있다.

일상적인 대화부터 먼저 시작해 보자. 예를 들어 아이가 학교에서 어떻게 지내는지, 로블록스에서는 어떤 친구들을 만나고 무슨 게임을 하는지, 아이가 좋아하는 것은 무엇인지 일상을 물어보는 것이다. 이런 소소한 일상적인 대화를 나누다 "주변 친구 중에 혹시 연애하는 친구도 있니?" 등 자연스럽게 성에 관한 대화로 넘어가면 된다.

아이에게 '질문'하고 함께 공부하기

일상적인 대화가 잘되고 어느 정도 친해졌다고 생각하면 그때부터 성과 관련된 질문을 해도 좋다. 앞서 말했듯이 양육자와 자녀 사이는 성교육이 아니라 '성 대화'라는 것을 명심하자. 자꾸 가르치려 들지 말고 일상을 나누듯이 편하게 대화하면 된다. 예를 들어 "혹시 학교에서 성교육은 받아본 적 있어?", "제페토 할 때 어떻게 아바타를 만드니?" 등으로 가볍게 시작해 보자. '말문'이 열리는 '질문'을 해야 아이와 깊은 대화가 가능하다.

아이에게 질문하면 두 가지 이점이 있다. 왜 궁금증을 갖게 되었는지와 아이가 어떤 경로로 정보를 접했는지를 파악할 수 있다. 질문을 통해 정보에 대해 알고 아이 수준에 맞게 대답하면 된다. 질문과 대답을 탁구 칠 때처럼 주고받으며 이어가는 것이 중요하다.

메타버스나 게임에 관해서는 양육자보다 아이들이 훨씬 더 잘 알고 있는 경우가 많다. 그럼 아이들에게 설명해 달라거나 가르쳐달라고 하면 된다.

얼마 전에 여덟 살 조카를 만났는데 제페토를 아주 신나게 하고 있었다. 아직 어려서 잘 못할 줄 알았는데 내 생각이 짧았다. 나는 조카와 친해지기 위해 슬쩍 옆으로 다가갔다. 그리고 나도 제페토에서 아바타를 만들었는데, 이 안에서 재미있게 활동하는 방법을 알려달라고 했다. 조카는 본인이 좋아하는 게임이라 그런지 이가 다 보이도록 빵끗 웃으며 신나게 알려줬다. 덕분에 나는 제페토에 대해 아이들의 관점에서 다양하게 배울 수 있었고 덤으로 조카와 급속도로 친해졌다.

"삼촌, 다음에도 나랑 같이 놀자!" 헤어질 때도 환하게 웃으며 나를 배웅해 주었다. 이렇게 질문을 통해 알아가고 함께 배우면 된다. 어린아이라 할지라도 배울 점이 있다는 사실을 잊지 말자. 아이들이 알려준다면 귀찮아하지 말고 오히려 "땡큐!"라고 하며 마음의 문을 열고 다가가면 된다.

메타버스와 성에 관한 공부는 기본이다

당연한 사실이지만 꾸준히 공부하고 기본을 쌓는 것은 매우 중요하다. 기본적인 성지식 없이 아이에게 성교육을 할 수 있을까? 아무런 공부와 준비 없이 메타버스 성교육을 하면 실패할 수밖에 없다. 성교육은 단순히 몇 시간 동안 강의를 듣거나 책 한

번 본다고 할 수 있는 것이 아니기 때문이다.

앞에서 성교육은 트렌드라고 말했다. 메타버스와 성 모두 매일매일 변하는 유동적인 분야라 꾸준히 공부해야 한다. 기본적인 성지식은 물론이거니와 메타버스에 대해 이해하고 있어야 아이들과 소통도 가능하다. 하루에 단 10분 만이라도 이와 관련된 책을 읽거나 아이와 대화를 해보자. 그나마 다행인 사실은 여러분은 이 책을 읽고 있다는 것이다. 기존의 성교육 책을 넘어 메타버스 성교육 책을 읽는다는 것은 그만큼 트렌드를 알고 공부하고 있다는 노력이자 증거다.

실전 성교육! 아이와 함께 서점, 도서관 가기

위에 세 가지 방법을 모두 아우를 수 있는 최고의 방법이 있다. 그건 바로 '아이와 손을 잡고 서점이나 도서관에 가는 것'이다. 그곳에서 성교육과 메타버스 관한 다양한 도서를 보고 이야기를 나눠보자. 서점이나 도서관에 가는 과정 자체가 성교육이자 생활 속에서 실천하는 방법이다.

그동안 강의에서 이 방법을 무수히 말했지만, 직접 실천하는 양육자는 100명 중 1명 정도였다. 그만큼 공부하는 것을 넘어 실천하기가 쉽지 않은 것이다. 성교육은 생활이라 공부와 실천이 같이 가야 한다.

약 5년 전에 내 강의를 들었던 한 양육자가 있었다. 그 당시 아이가 네 살이었는데 미리 아이 성교육을 준비하기 위해 강의를 들으러 왔다. 현재 아이는 아홉 살인데, 유아 때부터 손잡고 서점과 도서관을 가며 함께 성교육 책을 읽고 대화를 나눴기 때문에, 아이가 성에 관해 자연스럽게 인식하고 집에서도 편하게 이야기를 나눈다고 한다.

아이가 요즘 로블록스를 시작했는데 게임하는 것에 대해 걱정하기보다 같이 즐겁게 게임을 시작했다고 한다. "어릴 때부터 꾸준히 교육한 것이 효과가 있는 것 같아요. 아이가 밖에서든, 게임을 하든 저와 자주 대화를 나눠요. 아이와 둘도 없는 절친이 된 것 같습니다."

이 양육자님을 보며 어릴 때부터 대화를 통해 아이와 관계 형성을 하는 것이 얼마나 중요한지 한 번 더 깨닫게 되었다. 지금 당장 아이와 함께 서점이나 도서관에 가보는 건 어떨까? 아니면 아이가 스마트폰이나 메타버스에서 무엇을 하는지 알아가도 좋다. 성교육은 생활이다. 가까이에서 아이와 함께 생활하며 함께 배우고 알아가는 것, 그것이 바로 메타버스 시대에 맞는 실전 성교육이다.

메타버스 시대 성교육을 위해
절대 하지 말아야 할 세 가지

　우리가 무슨 일이나 행동을 할 때 어떻게 해야 하는 것만큼 중요한 게 있다. 바로 잘못된 행동을 하지 않는 것이다. 아이들 성교육을 할 때 어떻게 해야 하는지 막막하다면 어떤 것들을 조심하거나 하지 않아야 하는지 알고 피해도 성교육에 도움이 될 것이다.

　아이들에게 가정에서 성교육을 할 때 이렇게 하면 전혀 도움이 안 된다는 세 가지를 정리해 보려고 한다. 만약 아이와 성에 관해 이야기하는 게 어렵다면, 이런 태도나 말을 하지 않는 것만으로도 아주 큰 도움이 될 것이다.

첫째, 말 자르기

아이와 대화를 할 때 처음 시작은 좋으나 대화가 지속되지 못하고 한쪽으로 기우는 대화를 하는 가정을 많이 봤다.

"오늘 가족 모두 편하게 이야기 나눠보자"라고 해놓고 아이가 이야기를 많이 하지도 않았는데 아이의 이야기를 자르고 자기 생각을 일방적으로 전달하려 한다면, 누가 대화를 하고 싶을까? 어른들끼리 대화도 마찬가지다. 말해보라고 해놓고 계속 중간에 말을 자르고 자기 말만 하려는 사람과는 길게 대화하고 싶지 않은 게 당연하다.

양육자가 스스로 어떤 경향이 있는지 잘 모르겠다면 평소 아이와 식사를 하거나 가족끼리 대화를 할 때 누가 제일 말이 많고 목소리가 큰지 떠올려보면 알 수 있다. 많은 양육자가 아이가 대화를 시작했을 때 중간에 아이의 말을 자르고 본인이 전달하고자 하는 것을 꺼내놓으려 한다. 이는 아이 입장에서 더 이상 대화가 하고 싶지 않은 마음이 들게 한다. 그리고 그런 마음은 아이가 입을 닫게 만든다. 어떤 이야기를 하더라도 중간에 잘리고 양육자의 말을 듣고만 있어야 한다면, 대화가 재미없는 건 뻔한 결말이다.

어떤 연구에서 디지털 성폭력 가해자가 아동·청소년 피해자와 유대감과 친밀감을 형성하고 아이 마음을 여는데 8분 정도의 시간이 있으면 가능하다고 했다. 어떤 가해자는 3분 만에 아이와 성적 대화를 할 수 있었다고 한다. 이런 통계는 무엇을 의미하는 걸까? 그만큼 아이는 누구와의 대화가 간절하다는 의미일 수 있다. 그 대화의 대상이 양육자가 된다면 성교육은 자연스럽게 잘될 수밖에 없다는 것을 알아야 한다.

메타버스 시대의 성교육은 아이와 일상적인 대화를 최대한 많이 나누고 이것이 밑바탕이 되어 성, 메타버스와 관련된 대화도 할 수 있어야 한다. 대화를 나누지 않으면 아이가 메타버스 안에서 무엇을 하는지 알 수 없기 때문이다. 아이와 대화를 원한다면 꾹 참고 아이의 이야기를 끝까지 다 듣는 것에서부터 시작해야 한다.

둘째, 무시하기

아이가 어떤 이야기를 했을 때 '너가 뭘 알아?', '어른이 시키는 대로 해'라는 생각을 한다면 이것 또한 메타버스 시대의 성교육에 전혀 도움이 안 되는 태도다.

우리 아이들의 적응력은 굉장히 뛰어나다. 그렇기 때문에 메타버스에 관해서도 아이들은 잘 알고 있다. 아마 어떤 메타버스는 어른들보다 아이들이 훨씬 더 많은 정보를 가지고 있고 사용도 익숙하게 한다.

대화할 때는 맥락이 굉장히 중요하다. 특히 성에 관한 대화를 하면서 무조건 "하지 마"라고 하거나, "너는 어려서 잘 몰라. 어른이 시키는 대로 해야 해" 같은 메시지를 준다면 아이들과 그다음의 대화를 이어나갈 수 없다.

또한 메타버스는 분별력 있게 판단할 수 있는 능력이 중요하다. 현실과 가상을 구분하면서 적절하게 다양한 자아가 공존할 수 있도록 컨트롤할 수 있는 선에서 사용해야 한다. 그러기 위해서는 아이가 생각하는 것들을 가볍게 여기고 무시하지 않아야 한다. 양육자가 아이의 생각과 고민을 함께해 주고 아이가 분별력 있게 결정할 수 있도록 옆에서 도와줘야 한다. 비록 그것이 아주 사소하고 하찮은 사안이라고 느껴진다 해도, 무시하지 않고 함께 고민해 줬으면 한다.

만약 아이의 말을 가볍게 생각한다면 아이도 진지하게 고민해서 판단하는 게 아니라 그저 그렇게 호기심과 욕구에 따라 움직일 수 있는 것이다. 아이가 주체적으로 메타버스 사용을 선택할 수 있도록 지도하려면, 아이의 말을 무시하지 않고 끝까지 들어주어야 한다. 그리고 아이의 고민이나 불안을 가볍게 여기지 않고 함께 생각을 보태주는 것이 필요하다.

셋째, 비난하기

대화하기 제일 싫은 상대가 누구일까? 내 말이 틀렸다고 지적

하거나 내가 잘못했거나 부족하다고 비난하는 사람일 것이다. 아이들도 마찬가지다. 본인이 하는 재밌는 게임 이야기를 하거 니 친구랑 논 이야기를 해도 비난을 받는다면 아이들은 점점 대 화를 피하게 될 것이다.

비난형 대화의 예시를 살펴보자.

예시1

아이: "이 게임 너무 재밌어. 조금만 더 할게요."

양육자: "맨날 게임만 해서 뭐 할래? 어른 되어서도 그러고 게 임만 하고 뒹굴뒹굴할래?"

예시2

아이: "오늘 친구들이랑 만나서 놀았어."

양육자: "너네는 맨날 그렇게 어울려 다니고 공부도 안 하고 그러지? 또 로블록슨지 뭔지 다들 모여서 스마트폰 쳐 다보고 그러고 있었냐? 어휴. 걱정이다, 걱정."

예시3

아이: "아바타 꾸미는 거 봐줄래? 이것 좀 골라줘."

양육자: "아바타 꾸며서 뭐 하게? 쓸데없는 거 하지 말고 숙제 나 해."

예시들을 보면 더 이상 대화가 이어질 수가 없는 반응들이다. 메타버스는 아이들이 말해주지 않으면 어떤 세상에서 뭘 하고 있는지 모르는 세상이다. 그렇기 때문에 아이들과 최대한 많은 대화를 하는 것은 메타버스 시대의 성교육에서 필수적으로 중요한 양육 방법이다. 그런데 아이의 말을 비난해 대화를 단절시키면 아이들은 자신의 메타버스 세상을 양육자에게 공유해 주지 않을 것이다.

메타버스 시대에 아이들의 세상을 좀 더 이해하고 혹시라도 아이들이 도움이 필요할 때 알아차리려면, 위 세 가지는 절대 하지 않아야 한다. 아이들의 하는 말들을 열심히 경청하고 공감해 주어야 한다. 우리 아이들의 세상에 진심으로 호기심을 가지고 아이를 이해하려 노력해 보자.

꾸준한 성교육,
건강한 성인식

꾸준하게 성교육을 해주는 것이 왜 중요하고 필요한지는 지난 책들에서도 여러 번 언급했다. 그럼에도 불구하고 이 책에서 또 한 파트를 넣는 이유는 아무리 강조해도 지나침이 없기 때문이다.

소그룹 성교육에 관해 문의하는 양육자들 중에서는 괜히 아이에게 성교육을 시켜줬다가 오히려 성에 노출되는 게 아닌가 걱정하는 분들이 있다. 그러나 아이가 성에 대해 전혀 모른다는 것은 좋은 게 아니다. 성에 대해 전혀 관심 없는 아이가 잘 크고 있는 것은 아니라는 뜻이다. 또래에 비해 성에 대해 잘 모르는 편이거나 발달 과정에 맞는 성교육을 받지 못한 아이의 경우, 건강한 성, 제대로 된 성을 모르기 때문에 성에 노출되었을 때 판단력 없이 쉽게 충격을 받거나 휩쓸릴 수 있다.

성교육을 주기적, 반복적으로 해야 하는 이유

처음 성교육 기관을 만들고 소그룹 성교육을 진행했을 때, 대부분의 양육자는 왜 성교육을 여러 회에 걸쳐서 해야 하는지에 대해 이해하지 못했다. 그래서 그 이유를 설명하는데 정말 많은 시간과 에너지를 투자했다. 왜냐하면 그렇게 인식을 바꾸는 것부터가 중요한 시작점이라고 생각했기 때문이다.

성교육은 가치관 교육이다. 그렇기 때문에 발달 과정 동안 그 연령에 맞는 성에 대한 지식과 정보를 습득하고 그것을 삶에 적용해 나가는 훈련 과정이 필요하다. 단순히 지식을 습득하는 것을 넘어서서 몸에 체화하고 그것을 삶에 스며들게 만들어 세상을 살아가는 기준과 지혜를 갖게 하는 것이다.

성교육은 '나와 다른 사람을 이해하고 존중하기 위한 공부'다. 사람을 이해하고 존중한다는 것이 얼마나 많은 관계와 맥락을 고려해야 하는지, 상황이나 감정에 따라 얼마나 자주 달라지는 것인지 안다면 성교육이 정말 광범위한 삶의 교육이라는 것을 알게 될 것이다.

각 발달 과정에 맞춰 해줘야 하는 성교육이 있다. 커리큘럼에서 똑같은 단어로 표현되어 있더라도, 연령과 개인적인 앎의 정도에 따라 그 깊이와 수위가 다르다. 그리고 알아야 하는 정도가 있다. 우리 아이가 또래에 비해서 잘 모른다는 것은 좋은 상황이 아니다. 너무 많이 노출된 아이도 걱정이지만, 너무 모르는 아이도 똑같이 걱정해야 한다. 그렇기 때문에 아이들의 연령에 맞춰 알아야 하는 정도는 알려주고 너무 많이 알고 있는 것 중에 잘못 알고 있는 것은 바로잡아줘야 한다. 이런 작업들이 한 번에 끝날 수 없는 것은 당연하다.

그뿐만 아니라, 성교육은 사회 흐름을 빠르게 반영하는 매우 예민한 분야다. 성적 농담이나 성문화에도 유행이라는 게 있다. 그 말은, 아이들이 접하게 되는 성문화나 콘텐츠들이 매우 다양하고 시시각각 변화무쌍하게 흘러간다는 의미다. 계속해서 변화하는 성 관련 이슈들에 대해 아이들에게 그때그때 설명하고 제대로 알려주는 것이 어른으로서의 의무이자 책임이다.

1회 성교육이 불가능한 이유

요즘에도 가끔 모든 내용을 넣어서 일회성 성교육을 진행해 달라고 하는 양육자가 있다. "우리 아이가 성교육이 처음인데요, 학원도 가야 하고 그래서 시간 뺏기가 힘든데, 한 번으로 그냥 애가 알아야 하는 거 다 넣어서 해주시면 안 돼요?"라고 말이다.

성교육과 비슷하게 우리 몸에 체화되어 생각하지 않아도 자연스럽게 할 수 있도록 몸에 배거나, 어려운 상황에서는 조금만 생각하면 할 수 있어야 하는 분야가 외국어다. 쉽게 말해 성교육을 하루 만에 한다는 것은 외국어를 하루 수업으로 가능하다고 말하는 것과 같다. 한마디로, 절대 불가능하다.

성교육은 어찌 됐든 성에 관해 이야기하는 시간이다. 그렇기 때문에 성적 자극이 들어가는 시간이다. 그 성적 자극을 얼마나 긍정적이고 건강하고 안전하게 아이에게 전달해 주느냐 하는 것이 바로 어른들의 역량이고 강사의 전문성이다.

성교육은 아이의 연령과 수준에 맞는 꼭 필요한 내용, 시간 안에 충분히 다룰 수 있는 내용으로 구성해야 한다. 그 시간 안에 모든 내용을 명확하게 다룰 수 없다면 아이들은 성교육이 끝나고도 애매하게 알거나 이해가 안 되는 부분을 인터넷으로 찾을 수도 있다. 아이들이 성에 대해 찾아보는 것은 양육자가 제일 두려워하는 상황일 것이다. 그러니 돈과 시간을 들여 성교육을 시켜주고도 아이들이 인터넷으로 성에 대해 찾아보게 하는 선택은 하지 않아야 한다.

이렇게 말하면 어떤 양육자는 그럼 아예 성교육을 안 시키는 게 낫지 않느냐고 이야기한다. 살면서 아이들이 성을 접하는 것은 피할 수 없는 일이다. 언젠가 접하게 되는 성이라면, 좀 더 안전하고 건강한 성, 제대로 된 성에 대해 배울 기회를 제공하는 것은 고민할 여지가 없는 일이다. 단기간에 끝내려 생각하지 말고, 아이의 성교육에 대해 양육자 또한 꾸준히 공부하고 고민하면서 아이가 성장하는 과정에 걸쳐 지속적으로 성교육을 해주어야 한다.

꾸준한 성교육은 아이들의 성인식을 바꾼다

아이들이 학교에서 성 문제를 일으킨 후에 "장난으로 그랬어요", "나쁜 의도는 아니었어요"라는 식의 말을 많이 한다. 성폭력을 저지른 아이가 몰라서 그랬다면, 우리는 "그럴 수도 있지, 모르고 그랬대"라고 하면서 이해하고 넘어가 주면 되는 것일까? 자신의 행동이 다른 사람에게 폭력이 될 수도 있다는 것조차 인지하지 못하는 상태라면 그대로 둬도 되는 걸까?

이 사회의 어른들이 성교육을 제대로 받지 못해 위험하게 만들어놓은 지금의 성문화를 아이들이 그대로 모방하고 답습하며 그들의 성문화도 위험하게 만들어가고 있다. 그런 상황에서 어른들은 어른들 세대와 똑같은 선택을 해서는 안 된다. 적어도 우리 아이들만큼은 꾸준한 성교육을 제공해 주고 어떠한 것보다 좋은 인성과 건강한 성인식을 갖도록 하는데 자원과 에너지를 써야 한다. 그래야 적어도 우리 아이들이 살아갈 세상은 어른들의 세상보다 안전하고 건강할 수 있다.

조금 더 충격적으로 말하자면 우리는 아이들을 이 위험한 성문화에서 구해내야 한다. 그러기 위해서 꾸준한 성교육을 통해 아이들이 건강한 성인식을 갖게 하는 것은 선택의 여지가 없는 부분이다. 아직도 성교육을 망설이고 있다면 잘 생각해 보자. 우리 아이들을 이 사회에 가득한 성 문제 속에 무책임하게 던져 놓고 싶은지.

성교육은 가치관 교육이고 인식에 대한 교육이다. 아이들이 성교육을 받으며 성이 무엇인지, 자신의 인생에서 성이라는 것을 어떻게 가지고 살아갈 것인지, 사회의 성이 무엇이 문제인지 생각하고 판단하게 하는 것은 매우 중요하다. 그런 것들을 생각하고 판단할 수 있어야, 아이들 사이에서 일어나는 성 문제도 예방할 수 있다. 제대로 된 성이 무엇인지 배워야 잘못된 성을 알아보고 바꾸려고 노력할 수 있다는 것이다.

꾸준한 성교육만이 답이다. 이를 통해 아이들 스스로 건강하고 평등한 성문화를 만들기 위해 어떤 노력과 실천을 할 수 있는지 생각할 수 있는 존재로 성장시켜야 한다. 그러면 우리 아이들이 살아갈 미래의 세상은 지금보다 훨씬 안전하고 행복할 수 있다. 우리는 현장에서 성교육을 통해 변화된 아이들을 직접 보았다. 꾸준한 성교육의 효과를 믿고 실천하자.

4장
—

부끄럽지 않은
어른이 되자

아이들의 성문화에 대한
관심을 갖자

교육 문의를 받다 보면 아이들의 상황을 전혀 모르고 문의를 하는 어른들을 자주 본다. 우리 아이는 성에 대해 전혀 모른다거나 우리 아이가 또래에 비해 많이 어린 편이라고 설명하는 양육자들이 많다. 과연 그럴까?

아이들이 성을 안다는 것은 문란하거나 까졌다는 의미가 아니다. 아이들은 싫으나 좋으나 사회생활, 즉 학교생활을 하면서 성에 노출되고 그것에 대한 다양한 감정을 느낀다. 그런데 그것에 대해 전혀 파악하지 못하고 우리 아이는 그저 순진한 것처럼, 또는 전혀 성적 불편감을 느끼지 않는 아기 같은 존재로 바라보는 것은 위험한 판단일 수 있다. 또한 아이들이 처해 있는 상황과 아이들이 경험하는 아이들만의 성문화를 제대로 알지 못한 상태에서는 아이들에게 필요한 성교육을 해줄 수 없다. 특히 메타버스 시대가 오면서 아이들은 현실 세계뿐만 아니라 온라인 세상에서도 상상 이상의 다양한 성에 노출되고 있다. 그렇기 때문에 어른들이 아이들의 성문화를 잘 이해하기 위해 관심을 갖는 것은 아이들의 성교육을 위해 반드시 필요한 부분이다.

어른으로서의 책임감이 필요하다

얼마 전 한 기관에서 성교육 문의가 들어왔다. 초등학교 고학년 성교육에 대한 문의였고, 절차대로 날짜 조율을 한 후 강의계획서를 보냈다. 그런데 그 기관에서 강의계획서 첫 부분에 나와 있던 '성의 개념(Sex / Gender / Sexuality)'이라는 부분을 보고 다시 전화가 왔다. 아이들 교육인 만큼 '섹스(Sex)'라는 단어는 언급하지 않았으면 한다는 내용이었다.

그래서 이에 대한 설명을 했다. 그 단어가 성의 기본 개념이고 아이들이 그 개념을 잘못 이해하고 장난스럽게 사용하는 과정에서 폭력이 일어나기 때문에 이걸 제대로 짚고 넘어가지 않은 상태로 다음 내용을 교육할 수 없다고 했다. 결국 그 기관은 교육을 진행하지 않겠다고 했다.

초등학교 2~3학년을 대상으로 성교육을 할 때도 '섹스'라는 단어를 듣고 킥킥거리는 아이들이 있다. "그런 단어는 좀……"이라며 민망해하는 아이들도 있다. 초등학교 고학년 아이들은 맥락과 전혀 상관없이 "섹스! 섹스!" 하고 돌아다니는 아이도 있다. 학교 벽에 낙서가 발견되는가 하면 카카오톡으로 그 단어를 주고받으면서 장난치는 아이들도 있다.

온라인 세상은 어떤가? 온라인 세상에서도 똑같이 맥락에 맞지 않게 성적 단어를 사용하는 경우가 비일비재하다. 심지어 성적 단어를 사용하고 싶은데 그냥 쓰면 검열에 걸려 쓸 수가 없으니 특수문자까지 사이에 끼워가며 상대를 성희롱하는 경우도 있다. 이는 상대방에게 불쾌감을 주기 위해, 장난으로 하는 경우가 대부분이다.

이렇게 아이들은 이미 자기들의 성문화를 어른들의 그것과 비슷하게 음란하고 장난스럽게 만들어가고 있다. 이렇게 안타까운 방향으로 아이들의 성문화가 만들어지는 상황인데도 아이들에게 진짜 성이 무엇인지 가르쳐 주지 않는 것이 우리 아이들을 위하는 방법인지 생각해 봐야 한다. 어른으로서 좋은 자극을 주며 잘못된 것을 바로잡고 제대로 된 뜻을 알려주지는 못할망정, 오히려 언급하지 못하게 하고 내버려 두는 것은 어른으로서 굉장히 무책임한 행동이다. 아이들에게 나는 방법을 모르겠고 관심 없으니 이 험한 세상 스스로의 힘으로 어떻게든 알아서 살아가라는 소리와 뭐가 다를까.

어른들의 필터가 문제일 수 있다

도대체 성교육에 어떤 의미를 부여하고 있는가. 아이들의 책을 보며 적나라하다고 느끼며 책을 숨기는 양육자, 교육에서 이것저것 자극적인 내용을 빼달라고 하는 기관 담당자는 성교육을 생각하면서, 성교육 그림을 보면서 무엇을 떠올리고 있는지 스스로를 잘 탐색해 봐야 한다. 오히려 성교육 관련 그림과 내용을 보면서 너무 많은 것들, 특히 어른들만 알고 있는 것들을 대입해서 해석하고 있지 않은지 자신의 필터를 살펴봐야 한다.

앞서 이야기했듯이, 아이들을 싫으나 좋으나 다양한 성에 노출된다. 학교에서 친구의 장난을 통해 성에 노출되기도 하고, 지나가는 간판이나 뉴스를 보며 성에 노출되기도 한다. 우연히 스마트폰을 보다가 또는 컴퓨터로 수업을 듣다가 노출될 수도 있다. 학원에서 성적인 이야기를 들을 수도 있고, 교회에서 접하는 경우도 있다. 부모님의 스마트폰으로 게임을 하다가 접할 수도 있고 친척끼리 모여서 놀다가 노출되는 경우도 있다.

이런 모든 상황을 막을 수 없다면 아이들이 성에 노출될 수 있음을 인정해야 한다. 그리고 그런 부정적인 노출을 커버할 수 있는 게 무엇인지 곰곰이 생각해 봐야 한다. 아이들이 시도 때도 없이 성에 노출되는 것이 현실이라면 그것을 구분할 수 있는 능력을 키워주고 제대로 된 성에 대해 교육하는 것이 필요하다. 결국 아이들이 쉽게 노출되는 다양한 성을 건강한 성으로 바꿔줄 수 있는 것은 성교육밖에 없다는 뜻이다.

그러니 성교육이 무엇인지 제대로 생각해야 한다. 성교육을 단순히 섹스나 생물학적 성, 성행위를 알려주는 교육으로 생각하면서 불편해하면 안 된다. 성교육은 우리 아이들이 접할 수 있는 다양한 성을 점검하고 생각하게 해서 건강한 방향으로 순환시켜주는 유일한 방법이다.

이대로라면 아이들의 성문화가 더 심각해진다

뉴스에서 정말 놀랄만한 내용을 봤다. 고등학생이 초등학생을 시켜 성매매를 주도하고 초등학생의 옷을 벗기고 몸 위에 음식을 놓고 먹은 사실이 밝혀져 재판에 넘겨졌다고 한다(김성훈, "여학생 나체 위에 음식 놓고 먹은 남고생들… 법원도 '16살 짓이라 믿기 어렵다'", 〈헤럴드경제〉, 2023. 1. 10.). 감히 상상이나 할 수 있는 일인가 싶을 정도로 너무 충격적이고 소름 끼쳤다.

이 뉴스뿐만 아니라 아동·청소년의 성범죄에 대한 뉴스는 그다지 찾기 어려운 뉴스가 아니다. 이 사회의 어른들이 과거부터 만들어온 건강하지 않은 성문화를 우리 아이들이 모방하고 있다. 어린아이들은 그게 뭔지도 모르고 웃고 장난스럽게 받아들인다. 이런 상황에 어른들이 관심을 가지지 않고 제대로 파악하지 않으면 아이들이 살아가는 세상을 바꿔줄 수 없다. 바뀌지 않는 세상은 우리 아이들을 병든 성문화 속에서 살게 할 것이다. 지금보다 더 심각한 성 문제들이 수시로 터지고 그 누구도 안전하지 못한 세상에서 살게 될 수 있다.

영원히 우리 아이를 감싸고돌 수 있는 것이 아니다. 우리 아이가 사회와 완벽하게 차단되어 살지 않는 한, 언젠가는 우리 아이는 아이들만의 성문화에 노출되고 거기에 적응하며 살아가게 되어있다. 그렇다면 우리 아이가 어떤 세상 속으로 걸어 들어가는지 파악하는 것이 얼마나 중요한 일인가.

개인의 힘으로 세상을 바꿀 수 없다면, 적어도 우리 아이가 살아갈 세상의 성문화를 파악하고 그것이 진짜라고 믿지 않도록 해야 한다. 내 아이만이라도 건강한 기준을 세울 수 있는 훈련을 시켜주는 것이 필요하다. 이런 가정과 교육이 많아질수록 우리 아이들의 성문화는 건강하고 안전할 수 있다. 아이들의 성문화이지만, 아이들보다 어른들이 그것을 바꿀 힘이 더 강하다는 것을 기억하고 아이들의 성문화, 세상의 흐름에 관심을 가지길 바란다.

기업은 어떤 마인드를 가지고 성문화를 바라봐야 할까

　많은 기업이 우리 사회를 가득 채우고 있다. 기업마다 어떤 철학을 가지고 기업을 운영하는지, 사회적 책임에 대해 어떻게 생각하는지, 성인지 감수성이 있는 기업인지에 따라 대중들에게 미치는 영향은 다를 수밖에 없다.

　2021년, 네이버와 카카오에서는 '차별표현 바로알기' 캠페인을 진행했다. 각 회사가 운영하는 어학사전 내에 차별적인 표현이 있다면 바로잡고 이용자에게 '주의, 경고' 표시를 나타내는 것이다.

　'BOOTH'는 게임, 만화와 관련된 다양한 것들을 판매하는 일본 플랫폼이다. 여기에서는 성인용품을 판매하기도 하는데 처음에 들어갈 때 "당신은 19세 이상입니까?"라는 단 1개의 질문으로 청소년 접근을 필터링한다. 다른 필터 없이 'YES'에 체크만 하면 바로 성인 콘텐츠를 볼 수 있는 것이다.

우리나라에서 'N번방 성착취 사건'으로 유명해진 '텔레그램'은 전 세계의 성범죄가 흔하게 일어나는 플랫폼이지만 성범죄 수사가 진행되었을 때 수사에 협조하지 않는 곳으로 유명해 전 세계 유저들의 비난을 받고 있다. 게임을 좋아하는 사람들이 많이 쓰는 '디스코드'라는 플랫폼은 자체 검열뿐만 아니라 성범죄가 발생했을 때 적극적으로 수사에 협조하기로 유명하다.

돈만 밝히는 어른들

슬프게도 너무나 많은 기업이 돈을 벌기 위해 아이들을 이용하고 있다. 어떤 플랫폼은 평생 지울 수 없는 트라우마를 겪게 만드는 성범죄의 온상이지만, 해당 회사는 그 플랫폼을 돈 버는 효자로 생각하며 더 활발하게 키워가고 있다.

자본주의 사회에서 돈이 중요한 것은 말할 필요가 없는 이야기다. 돈이 있어야 기본적인 의식주가 해결되고 더 나은 사람으로 살기 위한 교육도 받을 수 있다. 그러나 돈이 가장 중요한 것이 되어 버리면 수많은 문제가 발생한다.

청소년들이 피해를 당하고 있는 성 문제가 하루에도 셀 수 없이 일어나고 있는 현재 상황에서, 해당 성 문제가 일어나도 방관

하고 있는 사회와 기업이 있다. 왜 그들은 문제가 있다는 것을 알면서도 문제를 해결하거나 막으려 하지 않을까? 아마 가장 큰 이유는 돈 때문일 것이다. 규제가 많을수록 이용자들이 그 기업의 서비스를 사용하는 데 있어서 제한이 많고, 그렇다면 기업은 고객을 쉽게 끌어들일 수가 없게 되는 것이다. 특히 온라인 세상은 이용자의 자율성에 맡기게 되고 그런 자율성 안에서 기업은 돈을 벌게 되는 경우가 많기 때문에 기업이 문제를 알고 있으면서도 모른 척하는 경우가 많다.

아이들이 많이 사용하는 아바타를 꾸미는 플랫폼들을 예로 들어보자. 아동·청소년들에게 아바타나 아바타 옷이나 굿즈를 선물해 주고 아이들에게 몸 사진을 요구하거나 협박하는 사건이 발생했다. 기업이 돈을 버는 것은 그 나쁜 어른들이 아이들에게 선물하기 위해 메타버스 화폐를 사는 부분이다. 선물하기, 대화하기 등을 막으면 기업은 당연히 돈 벌 수 있는 경로가 사라지게 된다.

그러니 문제가 발생하리라는 것을 알면서도 그저 지켜보고만 있거나 모른 척하는 기업이 많은 것이다. 또한 아이들을 타깃으로 하든 아니든 다양한 연령의 사용자가 많아야 광고 수익을 포함한 다른 수익이 창출된다. 그렇게 기업이 돈을 좇는 동안 우리 아이들은 평생 지울 수 없는 상처를 받게 된다.

아이들을 이용하는 어른들

아이들이 스마트폰이나 디지털 기기로 보는 온라인 속 세상은 정말 요지경이다. 아이들을 보호하기 위한 어떠한 제제도 없는 듯하다. 그렇게 아이들은 자신이 어떤 세상으로 빨려 들어가는지도 모른 채 흥미롭게 콘텐츠 안으로 들어간다.

기업들은 아이들을 더 끌어들이기 위해 아이들이 좋아하는 게임, 만화 같은 내용으로 플랫폼을 가득 채우고 동시에 그 안에서 직접 돈을 쓸 성인들을 끌어들이며 그들을 위한 콘텐츠도 제공한다. 기업들은 아이들에게 더 자극적인 콘텐츠를 제공하며 돈을 벌어들이는 크리에이터와 그들을 부추기며 돈을 쓰는 사용자들을 더 대접해 준다.

아이들이 콘텐츠에 돈을 쓰고 양육자 몰래 결제하는 것에 대해서도 말이 많다. 아이들은 양육자 몰래 소액 결제를 하고, 어떤 경우 그 금액이 카드 한도를 초과하기도 한다. 이런 일이 발생했을 때 몇몇 기업들은 환불이 가능하다고 이야기하지만 실제로 환불을 못 받는 경우가 굉장히 많다.

아이가 소액 결제를 한 것 때문에 대기업과 법정 소송까지 가야 하는 일은 양육자 입장에서는 기가 차지만 막막한 일일 수밖에 없다. 이런 상황에서도 기업은 책임질 수 없다고 발을 뺀다. 실제 작년에 '애플'에서 아이가 소액 결제 한 돈을 환불받을 수 없어서 소송을 준비 중인 사례가 있었다(김주환, "초등생 자녀가 아빠폰으로 아이템 400만 원 결제…'환불 불가'", 〈연합뉴스〉, 2022. 6. 1.).

　이 정도면 기업들이 돈을 벌기 위해 오히려 아동·청소년들을 이용하는 거라고 봐도 과한 해석이 아니다. 기업은 아이들을 보호하기는커녕 돈을 벌기 위해 아이들을 이용하고 있다. 아이들이 하는 실수, 아이들이기에 가지는 관심을 안전한 방향으로 돌려주지 않고 그저 돈을 벌 수 있는 도구로만 생각하는 기업이 많아지는 한, 우리 아이들은 절대 안전한 사회에서 살 수 없을 것이다.

지킬 건 지키면서 돈을 벌자

　기업이 인지하고 노력해야 하는 부분 중에 사회적으로 어떻게 선한 영향력을 미치고 기여할 것인가 고민하고 해야 하는 것도 있다. 그러나 이미 너무 많은 기업이 이런 기업의 책임을 잊고 있다. 특히 메타버스 시대에 아이들이 시도 때도 없이 접하게 되는 온라인 관련 기업들은 그 기준과 책임을 명확하게 세우지 않았거나, 기준이 있지만 지키지 않는 곳도 있다.

　현재, 우리 사회의 어른들 대부분은 메타버스와 관련해서 명확한 기준을 모르는 상태다. 그러나 기업은 달라야 한다. 기업은 전문가이고 대중들에게 서비스를 제공하는 주체이지 않은가. 그러니 서비스를 개발하는 모든 과정에서 본인들이 개발하는 서비스가 우리 사회에, 아동·청소년에게 어떤 영향을 미칠지 모든 경우의 수를 최선을 다해 고민해 봐야 한다.

물론 서비스를 개발하고 제공하는 기업의 의도와 전혀 다른 방향으로 콘텐츠가 흘러가기도 한다. 어딜 가나 악한 사람들은 있으니 좋은 의도로 만든 서비스를 나쁘게 이용하는 사람들도 있다. 그렇다고 하더라도 기업의 사회적 책임은 약자를 보호하고 가해자를 처벌하는 데 힘을 보태는 것이지 나 몰라라 하면서 돈만 생각하는 것이 아니다.

사람이라면 반드시 지켜야 하는 기본이 있다. 자본주의에서 아무리 돈이 중요하지만 돈보다 더 중요한 것이 있다. 기업이 정신 차리지 않으면 우리 사회는 병들게 되고 모든 시스템이 무너져갈 것이다. 이런 메커니즘이라면, 우리는 가해자로 지목된 사람만 가해자라고 할 수 있을까? 전혀 그렇지 않다. 아동·청소년을 보호하지 못한 기업도 명백한 공범자인 것이다. 지킬 건 지키면서 돈을 벌자.

학교의 인식에 따라
아이의 성 가치관이 변한다

"교육이 한 인간을 양성하기 시작할 때의 방향이 훗날 그의 삶을 결정할 것이다(플라톤)", "배움이 없는 자유는 언제나 위험하며, 자유가 없는 배움은 언제나 헛된 일이다(케네디 전 대통령)", "옥도 갈지 않으면 그릇을 만들 수 없고, 사람은 배우지 않으면 도(道)를 알 수 없다(율곡 이이)"

교육에 대한 명언은 굉장히 많다. 그만큼 인간이 인간으로 살아가기 위해 반드시 필요한 것이 교육이며, 교육이 한 인간의 삶에 미치는 영향은 상상할 수 없을 정도로 강력하다. 그래서 성교육의 중요성 또한 간과해서는 안 된다. 성 문제를 예방하고 건강한 성인식을 가지고 살아갈 수 있게 하는 것이 바로 성교육이기 때문이다.

교육 시스템 안에서 해야 하는 성교육

가정과 전문 기관에서 하는 성교육도 중요하지만, 아이들이 가장 오랜 시간을 보내는 학교에서 하는 성교육은 무조건 중요하다. 현재 교육 시스템 안에서는 1년에 15회 정도 성교육을 하라는 지침이 있고, 구체적으로 연령별 교육 커리큘럼, 어느 교과목과 어떤 주제를 연결해야 하는지 꽤 구체적으로 나와 있다.

지침이 있고 가이드라인이 있음에도 불구하고 실제로 가이드라인에 따라 성교육을 하는 학교는 거의 없다. 가이드라인까지 정해져 있는데 왜 학교는 성교육을 제대로 하지 않을까?

| 초등학교 고학년 성교육 가이드라인 |

교육 커리큘럼(왼쪽), 교과목과 연계 가이드라인(오른쪽)　　　　　　출처: 교육부 성교육에 대해 훈련받지 못한 교사, 여전히 학업 위주로 흘러가는 교육 현장, 성교육을 필수 교육으로 인식하지 않는 어른들의 인식 때문이라고 볼 수 있다. 이런 구조와 상황을 바꾸지 않으면 우리 사회는 점점 더 위험한 성 문제를 안고 살아가게 된다. 오히려 지식과 인간된 도리를 가르쳐야 하는 학교가 성 문제의 현장이 되기도 하니 현재 상황도 그리 좋은 편은 아니다. 그렇기 때문에 점점 위험한 방향으로 흘러가는 지금 상태를 변화시키기 위해서는 학교에서 성교육의 중요성을 깨닫고 열심히 하는 방법밖에는 없다.

학교의 인식 변화가 시급하다

아이들이 하루 대부분을 보내는 학교는 성교육을 필수로 진행할 수 있는 중심지가 되어야 한다. 현재 학교 현장에서 아이들이 성교육을 얼마나 받을 수 있는지는 담당 교사와 학교 전체 인식, 특히 학교장의 인식이 굉장히 중요한 영향을 미친다.

10년 넘게 학교에 성교육을 하러 다니면서 학교마다 인식, 시스템, 분위기가 모두 다르다는 걸 확실하게 느낀다. 성교육에 대한 인식도 학교마다 천차만별이다. 어떤 학교는 예산이 없어서 성교육을 진행하기 힘들다고 이야기하고, 어떤 학교는 학기가 시작하면 성교육에 대한 예산을 무조건 확보해 놓고 1년간 성교육을 여러 번 진행하기도 한다. 어떤 학교는 1년에 1시간 정도 겨우 잡아서 방송교육이나 집합교육 방식으로 전교생에게 한꺼번에 성교육을 제공하려 하고, 어떤 학교는 어떻게든 예산과 시간을 빼서 반별 교육을 제공하려 한다.

이런 차이가 발생하는 이유는 성교육에 대한 학교의 인식 때문이다. 또한 성교육이 '학교 재량'으로 결정할 수 있는 교육에 속하기 때문에 그렇다. 그러니 학교 재량에 따라 성교육은 필요한 교육일 수도, 굳이 많이 할 필요 없는 교육이 될 수도 있다는 뜻이다. 우리 아이가 학교에서 접하는 성의 방향이 바뀌고, 학교의 인식에 따라 우리 아이의 성 가치관과 인생이 바뀐다면, 아이들에게 학교에서 어떻게 해주는 것이 최선일지 다 함께 고민해봐야 한다.

무엇보다 성교육이 어떤 교육인지, 얼마나 중요한 교육인지 학교가 인식할 수 있어야 한다. 그리고 아이들을 위한 최선의 성교육 제공 방법이 무엇인지 학교가 적극적으로 전문가와 함께 고민해야 한다. 시간 때우기 식의 성교육, 하라고 하니까 마지못해서 하는 성교육, 안 하고 슬쩍 넘어가도 되는 성교육을 해서는 안 된다. 성교육이라는 것이 아이들의 인생에 얼마나 큰 영향을 주는지 학교가 먼저 알아야 한다. 그리고 학교라는 장소에서 할 수 있는 한 최선을 다해 책임져야 한다. 그것이 바로 인간을 가르치는 학교에서 해야 하는 역할이다.

성교육에 대해 훈련받은 교사의 필요성

어린 시절 기억나는 선생님이 있는가? 너무 특이해서, 너무 무서워서, 재미있어서, 따뜻해서 등 그 선생님이 기억나는 이유는 다양하다. 이유는 다양하지만 강력하게 기억에 남는 선생님은 어른이 되어서도 기억에 남고, 내 인생에 생각보다 많은 영향을 미치기도 한다. 그러니 선생님은 아이들에게 얼마나 큰 영향을 미치는 존재인지 알아야 한다.

앞에서 언급한 대로 아이들이 학교에서 성교육을 얼마나 잘, 충분히 받을 수 있을지는 담당 교사와 학교의 인식이 결정한다. 학교에 가보면 교사가 아이들을 대하는 태도가 정말 다양하다. 아이들에게 존대하면서 존중하는 교실 분위기를 만들려고 노력하는 교사부터 강사가 수업하는 중에도 아이들에게 큰 소리로 지적하거나 핀잔을 주는 교사까지 수만 가지다.

성교육에 대한 부분도 마찬가지다. 교사가 성평등한 관점을 가지고 건강한 성인식을 위해 노력하며 계속 공부하고 고민한다면 일상에서도 아이들에게 성교육을 해줄 수 있다. 그러나 성에 관해 관심이 없거나 불편해하는 교사라면, 아이들이 성에 관해 이야기할 때 회피하거나 혼내는 것 외에는 별로 할 수 있는 게 없다. 그리고 성에 대해 다뤄야 하는 교과목 시간에도 성에 대해 다루지 않는 경우도 생긴다. 아이가 어떤 교사를 만나는지에 따라서 기본적으로 배워야 하는 성교육도 학교에서 받지 못하거나 잘못된 성에 대한 인식을 배울 수도 있다는 사실만 봐도, 학교 내 성교육 시스템이 원활하지 않다는 것을 알 수 있다.

이제부터라도 바꿔나가야 한다. 교사를 양성하는 교육대학에서도 성교육과 관련된 강의를 개설해, 미래의 교사가 될 이들에게 배움의 기회를 제공해야 한다. 그리고 스스로 더 건강한 성 가치관을 가지고 학교 현장에서 성교육을 할 수 있는 역량을 계속해서 강화시켜야 한다.

선생님의 존재는 아이의 인생에 큰 부분을 차지한다. 선생님의 언행, 태도, 눈빛, 가치관은 아이에게 스펀지처럼 스며든다. 그렇기에 교사라면 자신의 영향력이 얼마나 강력한지 스스로 알고 있어야 한다. 그리고 아이에게 무엇을 전달할 것인지 끊임없이 고민하고 필터링해야 한다. 우리 아이들과 오랜 시간을 함께 생활하는 선생님이기에, 아이들에게 정말 좋은 성교육을 해줄 수 있다는 희망을 가지고 노력했으면 한다.

망설이지 말아야 하는
가정에서의 성교육

양육자 교육을 진행해 보면 아직도 성교육을 언제부터 해줘야 하는지, 너무 일찍 하면 자극이 되지는 않는지, 괜히 책을 보여주면 호기심이 더 생기는 건 아닌지 걱정하고 질문을 한다. 그런 질문에 조금 냉정하게 대답하자면, 걱정하고 망설일 시간이 없다. '조금만 더 있다가', '아직 어리니까'와 같은 생각을 하면서 성교육의 필요성이나 적절성을 생각하기에는 현실적으로 우리 사회가 가지고 있는 성 문제가 너무 많다.

이제는 어른들이 걱정 대신 아이들에게 어떻게 건강하고 긍정적인 성에 대해 알려줄 수 있을까만 고민해야 할 시기다. 그중에서도 아이들 가장 가까이에 있는 어른인 양육자의 인식 변화가 무엇보다 중요하다.

성교육에 무책임하지 않아야 한다

전반적으로 양육자들이 아이 성교육에 대해 예전보다 관심을 많이 가지는 것은 사실이다. 그러나 직접 행동으로 옮기는 데에는 아직도 망설임이 있다. 양육자가 망설이는 동안 아이와 아이가 경험할 세상은 기다려주지 않는다. 어른들이 망설이는 동안 아이들은 계속 자라고 있으며, 언제든 성적 자극에 노출될 수 있다. 망설이는 사이 아이가 잘못된 성에 노출되거나 뭔가를 찾아보게 된다면 그때는 더 많은 걱정과 고민을 하게 된다.

양육자는 아이를 양육하는 데 있어서 많은 책임을 가진다. 그리고 어느 부분에서 그 책임을 다하지 않으면 우리는 방임 또는 학대라고 표현한다. 다소 거친 비유일 수 있지만, 양육자 교육에서 꼭 하는 이야기가 있다. 아이가 배가 고프다고 했을 때 밥을 주지 않고 굶기면 우리는 그것을 학대라고 부른다. 만약 아이가 학교에 가야 하는 나이임에도 불구하고 가정에서 교육을 시키지도 않으면서 학교에 보내지도 않는다면, 그것 또한 아동학대의 한 유형인 방임에 속한다.

이러한 맥락에서 이렇게 성 문제가 심각한 사회에서 아이들에게 건강한 성, 진짜 성에 대해 가르치지 않고 알아서 살아가도록 내버려 둔다면 이것 또한 방임이라고 볼 수 있지 않을까? 아이들이 살아가면서 알아야 하는 지식과 지혜를 알려주지 못하고 기본 생활 방식을 알려주지 않는다면 아이들은 어떻게 세상을 건강하고 안전하게 살아갈 수 있겠는가.

성교육에 대한 책임감을 가져야 한다. 성교육은 아이들이 삶을 살아가는 데 정말 중요한 부분이기 때문이다. 그리고 아이들이 성교육을 받아야 이렇게 성 문제가 심각한 사회에서 자신들이 선택할 수 있는 범위, 도움받을 방법 등을 알 수 있다. 누구보다 양육자를 통해서 아이들이 건강한 성에 대해 어릴 때부터 경험하고 감정을 느낄 수 있도록 해주는 노력이 필요하다.

세상은 변하지만, 기본은 변하지 않는다

세상이 변하면서 많은 양육자가 자녀의 성에 대한 불안을 경험하고 있다. 그리고 어떻게 해줘야 할지 계속해서 질문하고 찾아보고 있다. 예전보다는 성교육을 많이 제공해 주기도 하고 성교육 책도 많이 나왔는데 왜 우리 사회의 성 문제는 점점 심각해지는 걸까? 심지어 왜 가해자와 피해자 연령이 계속 낮아지는 걸까?

아이들은 성교육을 받고 있지만, 여전히 아이들을 둘러싸고 있는 어른들의 인식은 바뀌지 않거나 너무 느리게 바뀌기 때문이다. 다시 말해서, 어른들의 인식이 아이들보다 먼저 바뀌고 확실하게 바뀌지 않으면 우리 아이들이 살아갈 세상은 훨씬 더 심각한 성 문제를 안고 갈 수밖에 없다는 뜻이다. 특히 메타버스 세상에서 어른들이 아이들을 위한 성교육과 보호막을 잘 마련해 주지 않으면 아이들은 현실 세상과 메타버스 세상 모두에서 성적 위협을 받게 된다.

아이들이 태어나면서 가장 먼저 관계를 형성하고 세상을 배워나가는 곳은 가정이다. 아이들이 가장 먼저 접하는 가정이라는 공동체와 양육자라는 어른이 아이에게 해주는 성교육이 중요하다는 것은 아이 성교육에서 기본 중의 기본이다. 세상은 변해도 기본은 변하지 않는다는 사실을 기억하자. 메타버스 세상이 오고 사회 분위기가 바뀌어도, 그 중심은 가정이라는 것을 알고 가정에서 아이들에게 성에 대한 건강한 기준과 안전한 방향을 제시해 주어야 한다.

가르치려 하지 말고 분위기를 만들자

계속해서 강조하는 것이 사회, 교육, 가정, 전문가가 함께 아이들을 위해 성교육을 해줄 수 있어야 한다는 것이다. 그렇다면 각자의 역할이 있을 것이므로, 양육자와 가정의 역할이 무엇인지 알고 아이에게 성교육을 해주어야 한다.

가정에서의 성교육이라고 하면 많은 양육자는 아이를 앉혀놓고 양육자가 뭔가 설명해 주는 이미지를 많이 떠올릴 것이다. 그러나 가정 성교육은 그럴 필요가 없다. 가정과 양육자라는 위치는 아이들에게 절대적이다. 아이들이 세상에서 가장 믿고 의지하는 대상이기 때문이다. 그렇기 때문에 아이들에게 훨씬 더 다양한 방식과 타이밍으로 성에 대해 알려줄 수 있고, 그런 방법의 성교육은 양육자만이 할 수 있다. 양육자가 아이들과 만들어놓은 친밀감과 신뢰를 믿고, 좀 더 다양한 방식으로 아이와 성에 관한 대화를 나눌 수 있으면 좋겠다.

아이가 어릴 때부터 자신의 몸과 마음에 대해 편하게 이야기할 수 있는 분위기를 만들어주는 것이 중요하다. 성교육은 어느 날 갑자기 할 수 있는 교육이 아니다. 아무 말도 하지 않다가 갑자기 이차성징에 관해 설명하면 끝나는 그런 교육이 아니라는 뜻이다. 그렇기 때문에 언제라도 양육자와 아이는 성에 관해 이야기를 할 수 있는 분위기를 만들어놓아야 한다. 이렇게 현실의 성에 대해 어색하지 않게 이야기할 수 있어야 메타버스 시대의 성 이야기도 할 수 있다.

성에 대해 가르치는 것이 어렵게 느껴질 수 있다. 그러나 대화하는 것은 조금씩 하다 보면 익숙해질 것이다. 그러니 아이들에게 지식을 주입해야 한다는 의무감보다는 성에 관해 언제든 대화할 수 있는 분위기 조성에 초점을 맞추자.

아이 성교육, 어른들의 책임이다

아이들에게 성교육을 한다는 것은 할까 말까 고민할 수 있는 부분이 아니다. 그러기에는 어른들이 만들어놓은 세상이 아이들에게 너무 많은 위험을 주고 있다. 아이들이 성에 대해 잘못을 했다고 해서 아이들을 비난할 수 없다. 어른들이 그런 세상을 만들었기 때문이다. 그러니 어른들이 책임져야 한다. 아이들에게 백날 조심하라고 해도 세상이 바뀌지 않으면 아이들은 언젠가는 위험에 노출될 수밖에 없다.

메타버스 시대에서 아이들에게 디지털 기기를 사용하지 못하도록 하는 것만으로 아이들을 지킬 수 없다. 아이들이 주체적으로 구분할 수 있도록 세상을 보는 관점을 갖게 해야 한다. 그리고 분별력 있게 판단할 수 있도록 지속적, 반복적으로 훈련시켜야 한다. 그래서 옆에서 감시하고 억압하지 않아도 스스로 선택할 수 있는 아이가 되도록 도와야 한다.

진짜 성과 가짜 성을 구분하고 건강한 성을 위해 자신의 삶에서 책임감과 신중함을 가지고 노력해야 하는지 알려줄 수 있는 것, 부정적인 성을 긍정적인 성으로 바꾸어줄 수 있는 것은 성교육밖에 없다. 이 성교육을 가정에서 양육자만이 할 방법으로 반드시 책임지고 해야 한다.

한 아이를 키우려면
온 마을이 필요하다

현재 세상을 객관적으로 보면 참 살기 막막하고 어렵다. 이것 저것 신경 써야 하는 것도 많고, 공부해야 하는 것도 많다. 예전 에는 어른들이 알려주는 게 전부였고, 눈앞에 보이는 것이 전부 였지만, 지금은 어른들이 알려주는 것보다 훨씬 더 많은 정보가 인터넷에 있다. 보고 상상하는 것이 전부가 아닌 세상이 되어버 린 것이다. 그러니 우리 아이들이 세상을 안전하게 살아가기 위 해서는 준비하고 공부해야 하는 것도 많고, 조심하고 피해야 하 는 것도 넘쳐난다.

세상이 이렇게 변해버린 데는 사회와 어른들의 책임이 크다. 아이들이 무슨 죄가 있는가. 그저 태어나 보니 이런 세상이고, 어쩔 수 없이 이런 세상에 물들어가거나 나름 건강한 방식으로 적응해 나가면서 사는 것밖에는 선택지가 없는 상황이다.

그렇다면 그런 아이들이 건강한 방식으로 적응하고 살 수 있도록 최선을 다해 안전한 환경을 만들어주는 것, 더 나은 세상을 만들어주는 것은 누구의 역할일까? 당연히 사회와 어른들의 역할이다. 그런데 오히려 어른들은 성교육의 중요성에 대해 간과하고 잘 모르는 상태다. 아이들은 그런 어른들의 편견과 무지 때문에 자신이 어떤 성인식을 가지고 살아가야 하는지에 대해 안내조차 받지 못하는 경우도 많다.

섹슈얼리티가 어때서

얼마 전 지방에서 강의 의뢰를 받았다. 양육자를 대상으로 하는 교육이었고, 강의안을 미리 보내 달라고 요청하셔서 강의안을 보내드렸다. 그런데 강의를 의뢰한 곳에서 요청 전화가 왔다. 이유는 '섹슈얼리티'라는 단어 때문이었다.

강의안 제일 마지막 장에는 자주스쿨의 슬로건 중 하나인 '자유롭고 주체적인 나의 섹슈얼리티를 위해'라는 문구가 있다. 그런데 2022년 교육청에서 발표한 개정 교육과정에서 '섹슈얼리티'라는 단어가 삭제되었기 때문에 민감한 사안일 수 있으니 그 언급을 강의 때 하지 말고 강의안에서도 삭제해달라는 요청이었다. 그래서 알겠다고 했다. 그 단어의 의미를 구구절절 설명하는 데 에너지를 쓰고 싶지 않았다. 왜냐하면 그건 담당자가 해결할 수 있는 게 아니기 때문이다.

교육부에서 만든 개정 교육과정에서 '섹슈얼리티'라는 단어를 뺀 구체적 이유는 없다. 밝히지 않았다고 하는데 구체적인 이유도 없이 주요 단어를 뺀 것에 대해 충분한 설명을 해야 하는 의무를 지키지 않았다. 대중 입장에서는 의아함을 느껴야 한다. 국제 사회에서 사용하고 있는 '섹슈얼리티'라는 단어를 왜 한국에서는 삭제한 것인지, 우리 아이들에게 도움이 되는 방향으로 가고 있는 것인지 함께 고민해 주어야 한다.

예전에는 성교육을 'Sex Education'이라고 했다. 주로 생물학적 성에 대해서만 교육을 했기 때문이다. 그런데 10~20년 전부터 'Sexuality Education'이라고 표현한다. 성교육에서는 생물학적 성만 다룰 수 없다는 것을 수많은 연구와 지난 세월의 성교육들이 증명했기 때문이다.

결국 성교육은 인간의 존엄성을 배우고 존중을 삶에 적용하고 실천하는 교육이다. 그렇기 때문에 신체적·생물학적 성에 대해서도 배우지만 관계, 인권, 안전, 폭력 등에 대해서도 배우는 것이다. 그런데 그런 모든 것들을 포괄하는 단어 자체를 언급하지 못하게 한다는 것은 어떤 의미인가. 또다시 우리는 생물학적 성에만 국한된 아주 편협하고 차별적인 과거의 성교육을 지향할 수밖에 없게 되는 것이다.

부끄럽지 않은 사회와 어른이 되기 위해 목숨 걸고 노력해도 우리 아이들이 살아갈 안전하고 건강한 사회를 만들 수 있을까 말까 하는 지금, 오히려 과거로 돌아가는데도 아무런 문제의식이 없다는 것이야말로 정말 부끄러운 사회와 어른이 되는 게 아닐까? 깊이 고민하고 반성해야 한다.

지금 상황은 모든 어른의 책임이다

우리는 아이들이 살아갈 건강하고 안전한 세상을 만들기 위해 고군분투해야 한다. 아이들을 더 이상 나쁜 상황에서 살도록 방관해서는 안 된다. 아이들을 지켜내야 하는 것이다. 그런데 지금 상황을 보면 아직도 뭐가 문제인지 모르는 어른이 많다.

지난 3년간 코로나19로 인해 많은 것들이 변했다. 비대면 시대가 열리면서 메타버스 기술은 더 많이 발전하고 아이들이 온라인 세상에 머물러 있는 시간이 현저히 많아졌다. 온라인 세상에서 많은 것들을 배우고 경험하게 되었다. 그러는 동시에 온라인 안에서 다양한 문제들이 발생하고 성 문제 또한 아이들이 경험하게 될 가능성이 높아졌다.

이런 변화들 속에서 각 분야의 어른들과 사회는 어떻게 대처하고 있는지 생각해 보면 조금 답답하기도 하다. 양육자들은 불안에 떨고 있고 국가나 교육기관은 이것저것 이유를 대며 다소

소극적인 태도를 취한다. 메타버스 안에서의 성범죄가 늘어나고 그것이 현실에까지 영향을 주면서 양육자들은 혹시 우리 아이가 온라인상에서 피해를 당하거나 가해를 할까 봐 걱정되는 마음에 사교육으로 성교육을 시킨다. 모든 어른과 사회의 책임이지만 언뜻 보면 양육자만이 아이들의 성교육을 책임지고 있는 듯하다. 어떤 경우는 양육자조차도 아이들에게 성교육이 필요하다는 것을 인식하지 못한다.

잘 생각해 보자. 성교육의 중요성을 모르는 학교장과 교사가 있는 학교에 다니는 아이들, 굳이 성교육해야 하는지 모르는 양육자 밑에서 자라는 아이들은 어떨까? 평생에 걸쳐 제대로 된 성교육을 한 번도 받지 못한 채로 어린 시절을 보낼 수 있다.

지금 이렇게 아이들이 위험에 노출될 가능성이 높은 세상이 된 건 전적으로 모든 어른의 책임이다. 그것만 인정하고 바로잡으려고 노력해도 세상은 정말 많이 달라질 것이다.

가정, 교육기관, 국가, 전문가가 힘을 합해야 한다

'한 아이를 키우려면 온 마을이 필요하다'라는 아프리카 속담이 있다. 매번 강의 때마다 언급하는 속담이고 책을 쓸 때도 거의 매번 사용했던 속담이다. 아이들이 안전한 환경에서 살아가길 원한다면 온 마을, 온 국가가 함께 힘을 합쳐야 한다. 모든 어른이 만들어놓은 위험한 세상을 양육자만 돈과 시간을 투자해가면서 아이들을 보호하기 위해 애쓰는 것은 너무 안타까운 일이다. 양육자도 노력해야 하지만 학교와 국가 모두 함께 노력하는 것이 중요하다.

만약 양육자들의 인식은 점점 변해 가는데 교육과 국가 시스템이 변하지 않는다면, 성교육과 건강한 사회를 만드는 책임과 부담을 양육자가 모두 가져야 한다. 아이를 낳고 키우는 과정에서 우리 아이가 언제든 성 문제에 노출될 수 있는 사회라면, 누가 아이를 낳고 키울 수 있겠는가. 실제로 아이를 키우기 너무 불안한 세상이라 출산을 고민하는 사람들도 있다. 양육자는 내 아이가 잘 살아가도록 노력하고 행동해야 하지만, 교육과 국가는 양육자가 하는 것 이상의 책임이 있다는 것을 알아야 한다.

결국 가정, 교육기관, 국가, 전문가가 힘을 합해야 한다. 어른들이 적극적으로 변화를 취하지 않으면 우리 아이들은 점점 더 큰 위험에 빠질 수밖에 없다. 강의 때마다, 책을 쓸 때마다 강조하는 부분이지만, 정말 어른들이 정신 차려야 한다.

아직도 성교육을 해줘야 하나 말아야 하는 고민만 하고 행동하지 않는 양육자, 권력에 의해 움직이며 옳고 그름이 무엇인지 판단할 의욕 없이 과거로 돌아가려는 교육 책임자, 사회적으로 심각한 문제라는 것을 알고 있음에도 적극적으로 움직이지 않는 국가 모두가 아이들을 위험으로 몰아넣는 원인이라는 것을 알아야 한다. 아이들을 보호하기 위해, 건강하게 잘 키워내기 위해서는 반드시 온 마을과 국가, 이 사회의 모든 어른이 생각을 바꾸고 움직여야 한다는 것을 기억해 주길 바란다.

3부

메타버스 성문화 교육, 바로 시작하라!

5장

—

성교육은
이벤트가 아닌
일상이다

성교육 로드맵
(연령별 성교육 커리큘럼)

    반복적으로 이야기하지만, 성교육은 가치관 교육이다. 그렇기 때문에 전 생애에 걸쳐 발달과정에 맞는 성교육을 지속적이고 반복적으로 해야 한다. 사춘기 같은 특정한 시기에 잠깐 하는 성교육으로는 턱없이 부족하다. 그런 이유로 유엔(UN)의 전문기구인 유네스코 같은 기관이나 전문가들이 장기적인 성교육 커리큘럼을 제시하는 것이다.

    유아부터 청소년까지 나이에 맞는 성교육 시작하기

    전 세계 다양한 기관과 전문가들이 제시하는 커리큘럼들을 바탕으로 자주스쿨에서 정리했다. 이에 따르면 성교육은 크게 성발달(인간발달), 인간관계, 성적자기결정권과 성적자기결정능력, 성건강, 사회와 문화로 분류할 수 있다. 성교육은 단순히 신체, 생물학적 특성에 대해서만 다루는 교육이 아닌 것이다.

연령은 보통 유아, 초등저, 초등고, 중등, 고등, 성인으로 나누는데, 요즘에는 아이들의 발달이 하루하루 다르다 보니 초등저, 초등중, 초등고로 나누기도 한다. 성교육을 할 때는 연령별 특성을 알고 그에 맞게 다루어야 하는 내용을 확인하는 게 반드시 필요하다. 성교육은 제때 맞는 교육이 매우 중요하기 때문이다.

연령별로 분류된 주제들 안에서 어떤 내용을 우리 아이들에게 알려줘야 하는지 살펴보자. 이 책에서는 간단한 소제목 정도만 제시했기 때문에 다른 연령에게 똑같은 주제와 내용의 교육을 진행하는 것이 아닐까 의문이 생길 수 있다. 그러나 똑같은 소제목이라고 하더라도 연령별 세부 내용과 접근방식은 다르다. 추가적인 궁금증이 있다면 자주스쿨로 문의하면 된다.

자주스쿨 성교육 전문 강사들과 이 로드맵을 정리하며 정말 많은 자료를 보고 오랜 시간 함께 고민하고 연구했다. 성교육을 10년 넘게 했던 나조차도 '성교육이 아주 방대한 주제를 다루고 있구나!'라는 생각이 들었다.

하나하나 정리하면서 '왜 이렇게 많은 양을 성교육에서 다뤄야 하는가?'라는 성교육의 본질에 대해 고민했다. '우리가 너무 이상적인 커리큘럼을 만들고 있는 것 아닌가?' 하는 질문이 머릿 속에 계속 맴돌았다. 그러나 그런 막막함과 고민은 생각보다 금방 사라졌다. 성교육은 인성교육이고 인간에 대한 교육이기 때문에 다양한 주제들을 다뤄야 함은 의무이자 사명이라는 확신이 들었기 때문이다.

시간이 걸리겠지만 우리는 아이들이 건강한 성인식을 갖고 인간에 대한 존중이 당연하다는 것을 깨닫게 해야 한다. 그러려면 관련된 지식을 알려주고 끊임없이 생각하고 고민할 수 있게 도와야 한다. 이 과정을 통해 인간을 존중하는 태도와 다양한 관계 안에서 현명하게 대처할 수 있는 지혜를 키워줘야 한다.

유아기(4~7세)

분류	세부 내용	접근방식
성발달 (인간발달)	신체구조와 역할	우리 신체 부위의 정확한 이름과 하는 일
	생명 탄생	정자와 난자의 만남으로 아기가 생기고 엄마 배에서 자라는 과정
	성별 이해	남녀의 신체적 차이와 공통점
인간관계	경계 존중	신체에 대한 경계 존중, 다양한 관계 안에서의 경계 존중
	가족관계	가족 구성원, 다양한 가족 형태, 가족의 역할(구성원의 역할), 우리 가족의 규칙
	친구 사귀기	친구의 의미, 친구 사귀는 방법
성적 자기결정능력	의사 표현	좋은 느낌과 싫은 느낌 구분하기, '좋아요'와 '싫어요' 연습하기
	위기 대처	위험한 상황에 대한 개념, 위험한 상황에서 도움 요청하는 방법
성건강	위생 관리	생식기를 포함한 신체 위생 관리
	옷차림	상황에 맞는 옷차림, 속옷 바르게 입는 법
사회와 문화	성폭력 예방교육	장난과 폭력의 차이, 성폭력 예방법과 대처법
	성차별과 성평등	성차별과 성평등의 의미, 성역할 고정관념 방지

초등 저학년(8~10세)

분류	세부 내용	접근방식
성발달 (인간발달)	신체구조와 역할	우리 신체 부위의 정확한 이름과 하는 일
	생명 탄생	정자와 난자의 만남으로 아기가 생기고 엄마 자궁에서 자라는 과정, 출산 과정
인간관계	경계 존중	신체에 대한 경계 존중, 다양한 관계 안에서의 경계 존중
	가족관계	가족 구성원, 다양한 가족 형태, 가족의 역할(구성원의 역할), 우리 가족의 규칙
	친구 사귀기	친구의 의미, 친구 사귀는 방법
	인권과 존중	존중의 의미, 인권의 의미, 다양한 인권(인권의 종류)
성적 자기결정능력	의사 표현	자기주장 하는 법, 동의와 거절 이해하고 표현하기, 협의하는 방법
	위기 대처	위험한 상황에 대한 개념, 위험한 상황에서 도움 요청하는 방법
	위기관리	위험한 상황을 줄이는 방법
성행동	스킨십	스킨십의 종류, 관계에 따른 스킨십의 차이
	경계선	자신의 경계 세우기, 타인의 경계 알아보기
성건강	위생 관리	생식기를 포함한 신체 위생 관리
	옷차림	상황에 맞는 옷차림, 속옷 바르게 입는 법
사회와 문화	성폭력 예방교육	장난과 폭력의 차이, 성폭력 예방법과 대처법
	성차별과 성평등	성차별과 성평등의 의미, 성역할 고정관념 방지

초등 고학년 (11~13세)

분류	세부 내용	접근방식
성발달 (인간발달)	신체구조와 역할	우리 신체 부위의 정확한 이름과 하는 일
	사춘기와 이차성징	초경과 완경, 발기, 몽정 등 이차성징에 관한 모든 것
	생명 탄생	아기가 생기고 태어나는 과정(성관계, 인공수정, 시험관아기, 자연분만, 제왕절개), 입양, 쌍둥이
	몸 이미지	외모 평가, 다이어트, 이차성징으로 인한 신체 변화
	주체성	자신의 몸과 마음에 대해 스스로 생각해 보기
인간관계	경계 존중	신체에 대한 경계 존중, 다양한 관계 안에서의 경계 존중
	가족관계	가족 구성원, 다양한 가족 형태, 가족의 역할(구성원의 역할), 우리 가족의 규칙
	친구 사귀기	친구의 의미, 친구 사귀는 방법
	인권과 존중	존중의 의미, 인권의 의미, 다양한 인권(인권의 종류)
	연애	연애의 의미, 사귀는 관계 정의 내리기, 연애 규칙, 이별
성적 자기결정능력	의사 표현	자기주장 하는 법, 동의와 거절 이해하고 표현하기, 협의하는 방법
	성적 의사소통과 의사결정	다양한 상황에서 의사소통하기, 의사결정 연습하기

분류	세부 내용	접근방식
성적 자기결정능력	위기 대처	위험한 상황에 대한 개념, 위험한 상황에서 도움 요청하는 방법
	위기관리	위험한 상황을 줄이는 방법
성행동	스킨십	스킨십의 종류, 관계에 따른 스킨십의 차이
	자위	자위의 뜻, 건강한 자위법, 자위 에티켓
	섹스(성관계)	성관계의 의미, 성관계로 인해 책임져야 하는 것들
	성욕구와 절제	욕구나 호기심이 생겼을 때 대처법
성건강	위생 관리	생식기를 포함한 신체 위생 관리, 포경수술
	옷차림	상황에 맞는 옷차림, 속옷 바르게 입는 법
	사춘기 건강관리	이차성징으로 인한 변화와 관리법
사회와 문화	성폭력 예방교육	장난과 폭력의 차이, 데이트 폭력, 디지털 성폭력 예방법과 대처법
	성차별과 성평등	성차별과 성평등의 의미, 성역할 고정관념 방지
	그루밍과 가스라이팅	그루밍과 가스라이팅의 의미, 예방법과 대처법
	미디어리터러시	성인지적 미디어리터러시, 성착취물 바로 알기

중등(14~16세)

분류	세부 내용	접근방식
성발달 (인간발달)	신체구조와 역할	우리 신체 부위의 정확한 이름과 하는 일
	사춘기와 이차성징	초경과 완경, 발기, 몽정 등 이차성징에 관한 모든 것
	성심리	성심리의 변화, 감정 다스리기
	생명 탄생	아기가 생기고 태어나는 과정(성관계, 인공수정, 시험관아기, 자연분만, 제왕절개), 입양, 쌍둥이
	몸 이미지	외모 평가, 다이어트, 이차성징으로 인한 신체 변화
	주체성	자신의 몸과 마음에 대해 스스로 생각해 보기
인간관계	경계 존중	신체에 대한 경계 존중, 다양한 관계 안에서의 경계 존중
	가족관계	가족 구성원, 다양한 가족 형태, 가족의 역할(구성원의 역할), 우리 가족의 규칙
	친구 사귀기	친구의 의미, 친구 사귀는 방법
	인권과 존중	존중의 의미, 인권의 의미, 다양한 인권(인권의 종류)
	연애	연애의 의미, 사귀는 관계 정의 내리기, 연애 규칙, 이별
	생애주기별 관계	생애주기별 다양한 관계, 결혼과 이혼
성적 자기결정능력	의사 표현	자기주장 하는 법, 동의와 거절 이해하고 표현하기, 협의하는 방법

분류	세부 내용	접근방식
성적 자기결정능력	성적 의사소통과 의사결정	다양한 상황에서 의사소통하기, 의사결정 연습하기
	위기 대처	위험한 상황에 대한 개념, 위험한 상황에서 도움 요청하는 방법
	위기관리	위험한 상황을 줄이는 방법
성행동	스킨십	스킨십의 종류, 관계에 따른 스킨 십의 차이
	자위	자위의 뜻, 건강한 자위법, 자위 에티켓
	섹스(성관계)	성관계의 의미, 성관계로 인해 책 임져야 하는 것들
	성욕구와 절제	욕구나 호기심이 생겼을 때 대처법
성건강	위생 관리	생식기를 포함한 신체 위생 관리
	임신과 피임	다양한 피임법, 임신, 출산
	건강관리	성병 종류와 감염 경로, 성병 예방 법과 치료법, 정기검진의 필요성
사회와 문화	성폭력 예방교육	장난과 폭력의 차이, 데이트 폭력, 디지털 성폭력 예방법과 대처법
	성차별과 성평등	성차별과 성평등의 의미, 일상에서 일어나는 다양한 차별, 성역할 고 정관념 깨기, 성인지 감수성 향상
	성매매	청소년 성매매, 성 상품, 관련법, 성매매 예방법
	그루밍과 가스라이팅	그루밍과 가스라이팅의 의미, 예 방법과 대처법
	미디어리터러시	성인지적 미디어리터러시, 성착 취물 바로 알기

고등(17~19세)

분류	세부 내용	접근방식
성발달 (인간발달)	성심리	성심리의 변화, 감정 다스리기
	생명 탄생	아기가 생기고 태어나는 과정(성 관계, 인공수정, 시험관아기, 자연 분만, 제왕절개), 입양, 쌍둥이
	몸 이미지	외모 평가, 다이어트
	주체성	자신의 성에 대한 기준 세우기
인간관계	경계 존중	신체에 대한 경계 존중, 다양한 관계 안에서의 경계 존중
	인권과 존중	존중의 의미, 인권의 의미, 다양한 인권(인권의 종류)
	연애	연애의 의미, 사귀는 관계 정의 내리기, 연애 규칙, 이별
	생애주기별 관계	생애주기별 다양한 관계, 결혼과 이혼, 육아(부모 됨의 의미, 아기의 발달 특성)
성적자기결정능력	의사 표현	자기주장 하는 법, 동의와 거절 이해하고 표현하기, 협의하는 방법
	성적 의사소통과 의사결정	다양한 상황에서 의사소통하기, 의사결정 연습하기
	위기 대처	위험한 상황에 대한 개념, 위험한 상황에서 도움 요청하는 방법
	위기관리	위험한 상황을 줄이는 방법
	성 가치관	성 가치관 기준 세우기, 성 가치관 점검, 종교와 성

분류	세부 내용	접근방식
성행동	스킨십	다양한 스킨십의 종류, 관계에 따른 스킨십의 차이, 동의 구하기
	자위	건강한 자위법, 자위 에티켓
	섹스(성관계)	성관계의 의미, 성관계로 인해 책임져야 하는 것들
	성욕구와 절제	욕구나 호기심이 생겼을 때 대처법
성건강	위생 관리	생식기를 포함한 신체 위생 관리
	임신과 피임	임신과 출산, 다양한 피임법
	건강관리	성병 종류와 감염 경로, 성병 예방법과 치료법, 정기검진의 필요성
사회와 문화	성폭력 예방교육	장난과 폭력의 차이, 데이트 폭력, 디지털 성폭력 예방법과 대처법
	성차별과 성평등	성차별과 성평등의 의미, 일상에서 일어나는 다양한 차별, 성역할 고정관념 깨기, 성인지 감수성 향상
	성매매	청소년 성매매, 성 상품, 관련법, 성매매 예방법
	그루밍과 가스라이팅	그루밍과 가스라이팅의 의미, 예방법과 대처법
	미디어리터러시	성인지적 미디어리터러시, 성착취물 바로 알기
	다양성	개인의 다양성, 성적 지향과 성별 정체성

성교육 로드맵 활용하기

성교육 로드맵을 보면 여러 생각이 들 수 있다. '이렇게 많은 것을 알려줘야 하나?'라고 걱정이 들 수도 있고, 필요한 내용임에는 동의하면서도 어떻게 알려줘야 할지 방법을 몰라 막막하게 느낄 수 있다.

로드맵을 정리하고 공유하는 이유를 말하자면, 첫째, '성'은 생물학적 성뿐만 아니라 정말 많은 것들을 담고 있는 개념이라는 것을 알게 하기 위함이다. 둘째, 아이들이 건강한 성인식을 갖게 하려고 이 사회의 어른들이 가르쳐야 하는 내용이 다양하다는 것을 시각적으로 보여주기 위함이다. 셋째, 현재 자신과 아이의 상태는 어떤지 생각해 보고 성교육을 할 때 아이들과 어떤 주제에 관해 대화하면 되는지 구체적으로 알려주고 싶어서다.

전문가로서 양육자가 가지고 있는 아이 성교육에 대한 부담을 덜어주는 것은 정말 중요하다. 그만큼 성교육 방법이나 방향을 한눈에 보이도록 제시하는 것 또한 전문가의 역할이라고 생각한다. 그런 이유로 성교육 로드맵을 정리했고 계속해서 성교육 책을 쓰는 것이다. 그러니 이 성교육 로드맵을 보면서 아이 성교육 때 무슨 내용을 다뤄야 하는지 몰라 느꼈던 막막함을 조금이라도 덜어내길 바란다.

이 로드맵과 함께 우리 아이 연령에 맞춰 실제 필요한 것들을 점검하며 성교육을 조금씩 실천해 보자. 막막하거나 어려운 게 있다면 이전에 쓴 성교육 기본서《세상 쉬운 우리 아이 성교육》,《딸아 성교육 하자》,《아들아 성교육 하자》를 참고하면 된다. 시중에도 유익하고 좋은 책들이 많으니 참고하며 아이에게 성교육을 시작해 보면 좋겠다.

성교육에 불가능은 없다,
가정에서도 충분히 가능하다

성교육을 하고 나면 오히려 양육자님들의 걱정이 늘 때도 있다. 특강을 듣거나 애들에게 성교육을 시켜주면 뭔가 시원하게 해결될 줄 알았는데, 양육자가 신경 쓰고 해야 하는 일이 더 늘어나는 기분이라고 한다. 게다가 나도 배우지 않은 성교육을 도대체 아이에게는 어떻게 해야 할지 막막하다는 양육자도 있다. 그러다 보니 양육자가 많이 하는 말이 "가정 성교육, 너무 어렵네요"이다. 어떤 양육자는 "강사님 말씀이 다 맞죠. 그런데 그거 솔직히 너무 이상적인 이야기 아닌가요? 실제로 아이를 키워보면 불가능해요"라고 말하기도 한다.

이 말에 담긴 마음을 충분히 이해한다. 나도 수업을 해보면 내 마음대로 되지 않는 아이들도 있고, 아무리 교육을 해도 다음 시간에 똑같은 태도로 나를 대하는 아이들도 있다. 이런 상황에서 매일 아이와 함께하는 양육자는 오죽할까. 세상이 점점 험해지니 양육자의 입장에서는 성교육이 막막하고 어려운 느낌이 드는 것도 사실이다. 그러나 10년 넘는 시간 동안 양육자를 만나오면서, 교육으로 변하는 우리 아이들을 본 경험으로 전문가로서 확실하고 확고하게 이야기할 수 있다. 가정에서의 성교육, 충분히 가능하다! 불가능하다는 생각만 하지 않는다면 말이다.

모든 중심은 가정이다

아이들이 자라면서 삶에 대해 배우는 모든 것의 중심은 가정이다. 가정의 힘, 그러니까 가정교육의 힘은 정말 무시할 수가 없다. 몇십 년 동안 부모님이 주는 그 가정 특유의 방식대로 살면서 그 방식을 바탕으로 만들어진 생각과 주요 감정들, 삶을 대하는 태도와 기준들이 그 사람의 가치관이 된다.

정말 사소한 것부터, 아주 중요한 것까지 내가 어떤 방식으로 삶을 살아가는지 인지하지 못하는 부분까지도 가정교육의 영향을 받는다. 그리고 그 가치관은 곧 '나의 존재 그 자체'가 된다. 그리고 그 가치관이 바르다고 생각하면서 살아간다. 누군가 그 가치관이 잘못되었다는 식으로 이야기하면 존재에 대한 공격으로 받아들이고 방어하려 한다. 그러니 결혼이나 동거를 통해 같이 살게 되거나 좋아서 사귀기로 해놓고도 자기 가치관이 바르다고 주장하면서 싸우는 것 아닌가.

성이라는 것도 개인이 가진 중요한 가치관의 한 부분이다. 결국 '성'이라는 것은 나와 다른 사람의 같음과 다름에 대해 이해하고 배려하며 있는 그대로의 나와 다른 사람을 존중하는 방법을 알아가는 것이다. 더 구체적으로는 사람을 대하고 사랑을 대하는 방식을 배우는 게 바로 성교육인 것이다. 이렇듯 사람과 관계를 대하는 것을 가정에서 어떻게 가르치느냐는 정말 중요한 부분이다. 그리고 아무리 좋은 교육을 받더라도 그 핵심에는 가정에서 어릴 때부터 양육자가 전달했던 가치관이 자리 잡게 된다.

세상을 살아가는 태도, 생각, 사고의 방식이 가정과 주 양육자에게서 비롯되듯이, 성교육 또한 그 중심은 가정에 있다. 그러니 가정에서는, 특히 양육자는 스스로 아이에게 어떤 영향을 주고 있으며, 앞으로 어떤 영향을 줘야 할지 충분히 고민하는 시간이 필요하다. 그 후에 아이에게 삶을 대하는 태도와 생각, 사고에 대한 방향성을 어떻게 제시할지 정리해야 한다.

혼자 하려 생각하지 마라

정말 많은 양육자가 가정에서의 성교육은 너무 막막하고 어렵다고 한다. 성교육은 양육자 입장에서는 어려운 게 당연하다.

한 번도 제대로 배우지 않은 것을 소화해서 아이가 알아들을 수 있는 언어로 전달한다는 것 자체가 너무 전문가의 영역이 아닌가. 그러니 어려워하는 자신을 탓하지 않아도 된다. 그리고 불안해하지 않아도 된다. 내가 어려우면 다른 집도 다 어렵다.

다만, 어렵다고 가만히 있으면 안 된다. 방법을 찾아야 한다. 그게 다른 집 아이들과 우리 아이를 다르게 키우는 방법이다. 그렇다면 양육자가 막막해하는 우리 아이 성교육, 해결할 방법이 뭘까? 그건 바로 전문가와 시스템을 활용하는 것이다.

'성'이라는 것 자체가 아이가 살아가는 모든 환경과 관련이 있는 것이다. 생물학적인 부분도 있지만, 인간관계, 감정, 평등과 인권 등 인간이 살아가면서 중요한 모든 부분과 연관되어 있다. 그렇기 때문에 가르칠 것도 많고 대화를 나눠야 할 것도 많으며, 양육자뿐만 아니라 전문가와 시스템이 함께 움직여야 한다. 다르게 말하면, 전문가와 시스템이 함께 움직여주어야 가정 성교육이 가능하다고도 볼 수 있다.

초등학교, 중학교는 1년에 최소 15시간 정도의 성교육 시간을 권장하고 있다. 그러나 현실적으로 15시간을 하는 학교는 없다. 그게 현실적으로 어렵다고 하더라도 현실에서 노력할 수 있도록 양육자가 체크해야 한다. 우리 아이들이 건강하고 안전한 사회에서 살 수 있도록 국가 내 시스템들은 의무를 다하고 있는지 체크하고 의견을 제시해야 한다. 또, 잘 모르는 부분은 전문가에게 물어보고 함께 고민하고 공부하면서 우리 아이들을 위한 성교육 방법을 찾아보고 노력해 보는 것도 중요하다. 국가가 가진 교육 시스템과 지역 사회 자원으로 우리 아이들의 성교육을 더 충분히 시킬 수 있다. 그러니 양육자가 모든 짐을 짊어지면서 막막해하고 있는 것이 아니라, 있는 자원과 시스템들이 의무를 다할 수 있도록 자극을 주는 역할을 하자.

성교육은 이벤트가 아니라 일상이고 삶 그 자체다

성교육은 어느 특정 시기에 해야 하는 교육이 아니다. 사춘기가 오고 있는 아이에게 사춘기 교육을 하는 것이 성교육의 전부가 아니라는 것이다. 앞서 이야기했듯, 성교육은 인생을 살아가는 대부분과 연관된 교육이다. 그러므로 평생에 걸쳐 아이의 발달 과정에 맞게 계속해서 전달해 줘야 한다.

성교육을 '섹스, 몸에 대한 교육'이라고 생각하는 양육자들이 많다. 섹스나 신체에 대한 교육은 성교육에서 극히 일부분일 뿐이다. 성관계나 신체에 대해 교육만 한다는 것은 100개의 주제가 있다면 2~3개만 알려주고 마는 것과 같다. 그럼 우리 아이들이 나머지 90여 개는 어떻게 알고 인생을 살아갈 수 있을까?

가정과 교육 시스템 안에서 제대로 된 성교육을 받지 못했다는 것은 삶을 살아가면서 매우 중요한 것을 모르는 상태로 어른이 된다는 것이다. 성이라는 중요한 주제를 어릴 때 제대로 배우지 못한 채 누군가에게 들어본 이야기로, 인터넷에 떠도는 이야기로, 제대로 알지 못하고 해본 경험으로 성을 알아간다는 것이 얼마나 불안정하고 두려운 일인지 양육자들은 겪지 않았는가?

그러니 성교육은 일상이자 삶에서의 교육임을 양육자들이 알고, 가정에서 대화를 통해 아이들이 성에 대해 생각할 수 있도록 해주어야 한다. 일상에서 일어나는 일을 가지고 성에 관해 대화하고 알려줄 수 있는 사람으로는 양육자가 최고다. 이미 아이와 깊은 신뢰를 형성하고 있으니 이보다 더 좋은 성교육 선생님이 어디 있겠는가.

자주스쿨에서 초등학생 때부터 소그룹 성교육을 받은 아이가 있다. 이 아이의 양육자님은 소그룹 성교육을 통해 집에서 아이와 일상 대화를 어떻게 해야 하는지 조금씩 알게 되었다고 했다. 이제 아이는 고등학생이 되었고, 열심히 성장하고 연애하는 과정에서 고민이 있으면 제일 먼저 양육자를 찾는다. 이렇게만 된다면 걱정과 불안은 줄어들고 아이와 관계는 더욱 돈독해질 수밖에 없다. 그런 경험 속에서 아이는 더욱 건강한 성인식을 갖게 되는 것이다. 성교육은 이벤트가 아니라 일상이고 삶 그 자체다. 특별하게 생각하지 말고 아이들과 함께 가정에서 대화를 나눠보자. 그게 바로 가정 성교육이다.

성교육 강사와 기관
제대로 고르는 세 가지 방법

"아이들이 음란물에 노출될 수 있으니 20살 전까지 스마트폰을 절대 쓰지 못하게 하세요!" 실제 한 양육자가 어떤 성교육 강사에게 들었던 말이다. 아무리 생각해도 강사의 주장이 이상한 것 같아 내 강의에서 물어봤다고 한다.

정말 어이가 없어서 한숨이 나왔다. 아이의 결정권을 존중해주지 못할망정 박탈하고 뺏어가라는 강사의 말을 듣고 기가 찼다. 그리고 핸드폰을 무작정 쓰지 못하게 하면 노출이 안 될까? 바로 옆 친구를 통해 0.1초 만에 성표현물에 노출되는 세상이다. 양육자와 아이의 사이를 연결하고 올바른 지식을 전달해야 하는 성교육 강사가 이런 말을 했다니 참담했다.

만약 그 강사의 말대로 했다면 아이와 싸울 뿐만 아니라 소통

단절이라는 대참사가 일어났을 것이다. 실제로 다른 곳에서 성교육을 듣고 후회하며 우리 기관에 찾아오는 양육자들이 있다. 애써서 돈과 시간을 투자했는데 오히려 나쁜 결과가 발생하는 걸 보고 진심으로 안타까웠다.

이런 피해를 막고 안전하고 지혜롭게 성교육하는 방법을 알려주고자 '성교육 강사와 기관 제대로 고르는 세 가지 방법'을 준비했다. 10년 넘게 강의를 하며 쌓은 노하우를 아낌없이 전달할 것이다. 아래 세 가지만 알아도 성교육으로 후회할 일은 거의 없을 것이다. 더불어 많은 시간과 노력을 아낄 수 있을 것이다.

성교육 기관을 고를 때 유의해야 할 점 세 가지

첫째, 전문성을 갖추고 있는지 반드시 확인하기

초등학교 1학년에게, 2차 함수를 가르친다고 생각해 보자. 어떨까? 아마 말이 안 된다고 생각할 것이다. 그런데 놀랍게도 아직 일부 성교육 기관에서는 이와 같은 일이 벌어지고 있다.

아직 성기 명칭도 모르는 어린아이에게 대뜸 성폭력 또는 자위를 알려준다며 교육한다고 생각해 보자. 불편하고 꺼림칙하지 않은가? 마치 구구단을 배우는 아이한테 미분과 적분을 나가는 것과 마찬가지다. 소화할 수 없을뿐더러 오히려 잘못된 호기심을 부추길 수 있다.

성교육은 현재 '국가가 공인한 전문 자격증이 없다.' 이를 악용해 전문성과 올바른 가치관 없이 아이들에게 잘못된 성교육을 진행하는 강사와 기관들도 있다. 이는 자라나는 아이들에게 치명적이고 잘못된 성 가치관을 심어줄 수 있어 매우 위험하다. 아이들의 연령과 수준을 고려하지 않는 '비전문적'인 교육은 역효과만 날 뿐이다. 아이들에게 부적절한 호기심을 제공해 '듣느니만 못한 수업'이 될 수 있다.

그래서 개개인에 맞춘 '맞춤형 성교육' 커리큘럼이 필요한 것이다. 연령별 체계적인 커리큘럼은 선택이 아닌 필수이며 곧 교육기관의 전문성을 나타낸다. 양육자는 성교육을 진행할 강사나 기관이 전문성과 탄탄한 커리큘럼을 갖추고 있는지 반드시 확인해야 한다. 단순히 유명하다고 대뜸 성교육을 신청하지 않길 바란다.

둘째, 성인권 감수성과 올바른 가치관을 갖고 있는지 확인하기

"성교육 강사가 도리어 아이에게 성희롱 발언을 가르쳤어요."

아마 위와 같은 기사를 본 적이 있을 것이다. 올바른 성교육을 해주지 못할망정 오히려 아이들에게 성희롱을 하다니 충격일 수 있다.

한 초등학교에서 성교육 강사 A씨가 "조손가정 아이가 성범죄자 된다"라며 조손가정을 비하했다. 자녀를 위한 부모 성교육을 주제로 강연을 하다가 성폭력 가해·피해 상담사례를 들며 조손가정 아동에 대해 부적절하게 발언한 것이다. 이 A씨는 학교폭력상담가 양성과정 강의 중 "한부모 가정 자녀들은 문란해지거나 남성에 대해 무감각해진다"라는 비하 발언으로 이미 한차례 구설에 올랐던 강사였다.

또 B 강사는 청소년 성교육 중에 여성의 성기를 오징어에 비유했다가 뭇매를 맞게 되었다. 영상 강의 촬영 중 이 강사는 자궁경부가 건조하다는 설명 직후 "방송에서 이런 말 해도 되는지 모른다며" 여성 성기를 오징어에 비유해 설명했다. 나중에 방송이 나가고 비판이 잇따르자 관련 내용을 삭제했다. 이 B 강사는 성교육 책을 공저한 '성교육 전문가'였음에도 여성 성기를 묘사하며 혐오 표현을 사용했다.

타인에 대한 존중 의식을 가르는 성인권 감수성은 이제 기본이자 필수다. 이렇게 감수성이 없는 강사들이 성교육했을 때 가장 안타까운 것은 피해를 고스란히 우리 아이들이 받는다는 것이다. 따라서 성교육을 맡기기 전 담당 강사의 지난 강의나 가치관을 반드시 먼저 확인하라. 강의를 요청하는 강사나 기관의 홈페이지, 올린 글, 유튜브나 영상 등을 미리 확인하는 것도 좋은 방법이다. 성교육을 신청하기 전에 교육 내용이나 감수성을 반드시 신중하게 따져보길 바란다.

셋째, 끝까지 함께할 수 있는 곳인지 확인하기

'단 한 번 만에 성교육을 완성해 드리겠습니다', '성교육 족집 게 과외 진행합니다'라는 내용으로 홍보하는 곳이 있다면 반드 시 거르라고 말하고 싶다. 성교육에 '성'자도 모르는 가짜 전문가 다. 이건 잠깐만 생각해 봐도 안다. 성교육이 한 번 만에 완성될 까? 국영수도 워낙 방대해 한 번 만에 완성되지 않는다. 한 번의 교육으로 수능 만점을 받는 것이 아닌 것처럼 말이다.

성교육은 서로 존중하는 마음을 기르는 가치관에 대한 교육 이다. 사람이 태어나면서 죽을 때까지 함께하는 가장 넓고 깊은 학문이다. 그래서 평생 지속해서 배워야 한다. 이런 교육이 한 번 만에 된다고 주장하는 것은 사기이자 무책임한 말이다. 특히 한 번만 교육하고 그다음을 케어하지 못하는 곳에서 성교육을 받으면 절대 안 된다.

예전 어떤 강사에게 소그룹 성교육을 받은 양육자와 초등 4학 년 학생들이 있었다. 1회기 진행을 한 후 1년이 지나, 2차 교육 을 잡으려고 하는데 갑자기 강사가 다른 일로 바뀌 성교육을 진 행할 수 없게 되었다. 양육자님은 그때 그 강사에게 들은 것을 후회하며 아이에게 무척 미안해했다. 이렇게 교육한 기관이 지 속해서 소통하고 챙길 수 있는지 확인해야 한다.

내가 운영하는 자주스쿨도 한 번 인연을 맺은 아이는 되도록 강사 한 분이 끝까지 돌본다. 나만 하더라도 2017년 중학생 때 성교육을 받았던 학생을 성인이 되기 전까지 끝까지 책임지고 교육했다.

그때 성교육을 받았던 아이가 성인이 되자 양육자님에게 감사 문자를 받았다. "아이가 건강하게 연애하며 잘 자라고 있습니다. 오랫동안 좋은 성교육으로 감사했습니다" 정말 뿌듯하고 행복했다. 이렇게 자신의 아이와 끝까지 함께 갈 수 있는 곳인지를 확인하길 바란다.

성교육은 100번 더 생각하고 꼼꼼하게 알아보자

위에 세 가지 방법만 제대로 알아도 우리 아이 성교육에 실패할 일은 없을 것이다. 참고로 앞에 언급했던 잘못된 강사나 기관은 일부니 모든 성교육 강사가 그럴 거라는 오해를 하지 않길 바란다. 아이들을 진심으로 사랑하고 존중하는 마음으로 성교육을 하는 곳이 더 많다.

"성교육을 시키는 데 굳이 그렇게까지 알아볼 필요가 있을까?"라고 생각할 수도 있다. 그럼 영어나 수학 학원 보낼 때를 생각해 보자. 선생님 실력, 위치, 교육비, 커리큘럼 등 얼마나 하나하나 꼼꼼하게 신중하게 고르는가? 교육에는 많은 돈과 시간이 투자되고 아이에게 크게 영향을 미치는 만큼 신중하게 알아볼 필요가 있다.

성교육도 마찬가지다. 평생 교육이니만큼 우리 아이를 제대로 책임지고 성교육할 수 있는 곳을 선택하자. 나는 성교육은 특히 100번 더 생각하고 꼼꼼하게 알아보라고 양육자들에게 조언한다. 성교육은 가치관의 교육이라 강사의 실수나 잘못이 치명적인 영향을 끼칠 수 있기 때문이다.

무엇보다 지금 이 책을 읽고 있는 양육자와 어른들을 뜨겁게 손뼉 치며 칭찬하고 싶다. 이 책을 읽었다는 것은 그만큼 성교육과 아이에게 지대한 관심을 가진 분들이다. 아이를 우주보다 사랑하고 관심을 가졌다는 증거라고 생각한다. 현명한 선택으로 우리 아이들에게 유익한 성교육과 행복한 미래를 선물해 주자.

위험한 것과 보호할 것
제대로 구분하기

상담 문의가 오거나 교육을 나가보면 양육자가 나름 아이를 보호하기 위해 하는 것들이 오히려 아이를 위험에 빠뜨리게 만드는 경우가 있다. 나쁜 의도로 한 것이 아니라 험한 세상에서 아이가 위험에 빠지지 않도록 보호하기 위한 방법이라 생각하고 행동한 것이다. 하지만 이런 양육자의 태도가 안타깝게도 아이들에게 도움이 되지 않을 수 있다. 특히 메타버스 시대에서는 아이들이 현실 세상뿐만 아니라 온라인 세상에서도 많은 일이 일어나기 때문에 정말 아이를 보호하는 것이 무엇인지 잘 판단하고 개입해야 한다.

무조건 막는 방법은 화를 부른다

무조건 막는 방법은 많은 양육자가 쓰는 방법이다. 모든 상황을 다 살펴볼 수 없기 때문에 일단 하지 말라고 막는 방법을 선택하는 것이다. 그리고 아이를 통제하기 가장 쉬운 방법이다. 그런 분들은 성교육을 포함한 모든 성적 자극을 차단하려고 애쓴다.

그런데 이렇게 무조건 막는 방법은 오히려 화를 부르는 방법이 될 수 있다. 말과 규칙으로 아이들의 행동을 막을 수는 있겠지만, 동시에 어떤 일이 발생했을 때 아이들이 도움을 요청하지 못하는 분위기를 만든다.

예를 들어 평소에 연애하지 말라고 하는 양육자의 아이들은 연애에 대해 부정적인 감정을 가지려고 노력한다. 관심이 생기면 죄책감을 느끼거나 깊이 자신의 감정을 들여다보려고 하지 않는다. 그러다가 자기도 모르게 누군가가 좋아지거나 고백을 받으면 그 상황을 양육자에게 알리지 않으려 최선을 다한다. 연애를 시작하기라도 하면 계속해서 숨기려고 애쓰고, 그런 과정에서 어쩔 수 없이 거짓말을 하게 된다.

이런 과정을 이야기하면 분노하는 양육자도 있다. 아이가 숨기고 거짓말하는 것을 수용하기 어렵기 때문일 것이다. 그런데 양육자의 감정보다 더 중요한 것은, 만약 아이가 연애와 관련해 위험에 빠지거나 도움이 필요하더라도 양육자에게 도움을 청하기는 어려울 수 있다는 것이다. 왜냐하면 아이는 연애에 대해 자연스러움보다는 죄책감을 더 많이 느끼고 있을 가능성이 크기 때문이다.

나중에는 자녀가 성인이 되어서도 성에 관해 관심이 없거나 연애를 하지 않게 될 수 있다. 그러면 양육자는 그때 가서 또 다른 걱정을 하게 된다. 그러니 무조건 막아서 아이들이 위험에 빠져도 도움을 요청하지 못하고 그로 인해 되돌릴 수 없는 더 심각한 상황으로 아이를 밀어 넣지 않아야 한다.

제대로 배울 기회를 주지 않는 것이 진짜 위험하다

요즘 성교육이 뜨겁긴 하다. 모르는 사람들은 몰라도 아는 사람들은 아이 성교육을 꼭 시켜야 하는 교육이라고 인식하는 양육자들이 늘고 있다. 하지만 아직도 아이들에게 성교육은 지나친 교육이라고 생각하는 양육자도 있다.

어떤 기관은 아직도 남자아이는 남자 강사가, 여자아이는 여자 강사가 진행하는 게 좋다고 마케팅을 하고 있다. 이런 기관이나 강사의 마케팅을 무분별하게 받아들이고 맹신하지 않았으면 한다. 옛날 스타일 교육을 제공하는 것, 틀에 박힌 방식으로 편견 섞인 조건을 가진 성교육을 제공하는 것 또한 아이들의 시야를 좁게 만드는 일이다.

국어, 영어, 수학뿐만 아니라 요즘에는 생존 수영, 악기, 줄넘기 같은 것도 충분히 배우고 좋아하는 것을 찾을 기회를 준다. 주식, 경제, 부동산에 대해 배우는 아이들도 있다. 양육자 입장에서는 이 모든 것들이 삶을 살아가는데 필요한 것들이라고 생각하기 때문이다. 성교육도 마찬가지다. 우리 아이가 살아갈 삶의 방향이 달라질 수 있는 주제다. 그리고 우리 아이가 자신의 인생에서 성을 주체적으로 사용할지, 다른 사람에게 끌려다니면서 성을 소비할지 결정되는 중요한 갈림길에 선 문제다.

앞에서도 계속 이야기하는 내용이지만, 아이들이 살아가면서 성에 노출되는 것을 영원히 막을 수는 없다. 특정 시기까지 막는 것조차 쉽지 않다. 그렇다면 아이가 스스로 할 방법을 알려줘야 한다. 아이가 스스로 판단하고 결정할 수 있도록 훈련의 기회를 충분히 줘야 하는 것이다.

성에 관해 진짜 위험한 것은 아이가 성에 대해 알아가는 게 아니다. 양육자의 두려움과 불안으로 인해 아이가 성에 대해, 자신의 섹슈얼리티에 대해 배우고 생각할 기회조차 주지 않는 것이다. 우리 아이가 스스로 자신의 성에 대해 생각하고 기준을 세워갈 수 있도록 충분한 성교육을 제공해 주는 것이 아이를 위험에서 멀어지게 하는 방법이다.

보호하는 방법은 스스로 생각할 힘을 갖게 해주는 것

양육자가 아이들의 삶을 대신 살아줄 수도 없고 모든 일상을 함께 할 수도 없다. 아이들이 청소년이 된 후에도 아이들의 모든 부분을 컨트롤할 수 없고 위험한 것들을 걸러서 아이들에게 안전한 환경만 제공해 줄 수도 없다. 그러므로 양육자가 강압적으로 무엇인가를 막는 것이 최고의 방법이 아닌 것이다. 그럼 아이를 보호하려면 어떤 방법으로 개입해야 할까?

아이들을 보호하기 위해서는 아이들이 스스로 생각하고 판단할 힘을 길러주어야 한다. 끊임없는 대화를 통해 아이들이 주제와 상황에 대해 고민해 보게 하고 어떤 것이 안전하고 좋은 방향인지 생각해서 판단할 수 있게 해야 한다.

예를 들어 성착취물에 대해 교육한다고 생각해 보자. 스마트폰 사용을 제한하거나 양육자와 함께 있을 때만 컴퓨터를 사용하는 것 같은 물리적인 방법이 먹히는 시기가 있다. 아마 아이가 초등학교 저학년 때까지는 잘 먹히는 방법일 수 있다. 그런데 아이가 어느 정도 나이가 되면 이 방법은 그다지 효과적이지 않다. 친구 스마트폰을 빌려서 친구들과 함께 볼 수도 있고, 컴퓨터를 몰래 하면서 찾아볼 수도 있다. 그러면서 죄책감과 스스로에 대한 부정적인 감정을 가지게 된다. 스스로 '나쁜 짓을 하는 아이'라고 자신을 인식하게 되는 것이다.

그런데 아이와 끊임없는 대화를 통해 왜 성착취물을 보면 안

되는지 생각해 보게 한다면, 그 이유를 깨달은 아이는 성착취물이 얼마나 인권을 무시하는 결과물인지 알 수 있고 친구가 보여주거나 우연히 보게 되어도 스스로 차단하거나 도움을 요청할 수 있는 것이다.

물리적 제한보다는 본질을 생각할 수 있게 해야 한다. 아이가 왜 성에 관해 공부해야 하는지, 왜 다른 사람을 함부로 대하면 안 되는지, 왜 동의가 중요한지 등에 대해 일상에서 양육자와 대화를 나눌 수 있다면, 아이는 누가 뭐라 해도 흔들리지 않는 자기만의 확고한 신념을 가지게 될 것이다. 이런 확고한 신념은 아이가 스스로 위험한 상황에 들어가는 것을 막아줄 것이다.

디지털 관련
자주 묻는 질문들과 답변

많은 양육자들이 성과 디지털에 관련된 질문들을 한다. 대표적인 세 가지 질문에 대해 알아보겠다.

성착취물 소유 관련

Q. 아이가 메타버스에서 만난 사람에게 받은 음란물을 보는 것을 발견했어요. 근데 음란물이 아닌 누군가의 몸을 촬영했던 영상 같아요. 이런 영상을 보거나 갖고 있어도 처벌받나요?

'야동', '음란물'의 정확한 표현은 성착취물이다. 그리고 당연히 처벌받을 수 있다. 양육자에게 이런 상담을 받을 때마다 참 속상하다. 아이가 단순히 자라면서 성착취물(음란물)을 볼 수 있다고 생각하며 넘기는 것이 부지기수다. 한국은 성착취물을 보는 것이 얼마나 심각한 문제인지 모른다. 전반적인 디지털 성범죄에 대한 낮은 문제의식, 디지털 윤리 의식 부족, 사회 전반적인 성인지 감수성 결핍 등이 복합적으로 얽혀있다.

특히 장난처럼 이야기하며 성착취물을 볼 수 있다고 말하는 양육자나 어른들이 더 큰 문제다. 성착취물은 불법적으로 촬영된 성관계나 성적인 행위 등을 담은 영상, 사진, 음성 등을 말한

아동 · 청소년의 성보호에 관한 법률

제11조(아동·청소년성착취물의 제작·배포 등) ① 아동·청소년성착취물을 제작·수입 또는 수출한 자는 무기징역 또는 5년 이상의 유기징역에 처한다.

② 영리를 목적으로 아동·청소년성착취물을 판매·대여·배포·제공하거나 이를 목적으로 소지·운반·광고·소개하거나 공연히 전시 또는 상영한 자는 5년 이상의 징역에 처한다.

③ 아동·청소년성착취물을 배포·제공하거나 이를 목적으로 광고·소개하거나 공연히 전시 또는 상영한 자는 3년 이상의 징역에 처한다.

④ 아동·청소년성착취물을 제작할 것이라는 정황을 알면서 아동·청소년을 아동·청소년성착취물의 제작자에게 알선한 자는 3년 이상의 징역에 처한다.

⑤ 아동·청소년성착취물을 구입하거나 아동·청소년성착취물임을 알면서 이를 소지·시청한 자는 1년 이상의 징역에 처한다.

다. 그중 아동·청소년으로 인식될 수 있는 표현물, 성착취물 나온 것은 시청, 소지만 하더라도 처벌될 수 있다. 양육자는 기본적으로 여기에 관해 알고 있어야 한다.

이런 성착취물을 보는 것은 다른 사람의 인생뿐만 아니라 자신이 인생을 송두리째 파괴시키는 행동이다. 불법으로 촬영된 영상을 보는 것이 얼마나 중대한 잘못이자 범죄인지 알아야 한다. 인격 살인에 동참한 것이나 마찬가지다. 성착취물에 대해 아이에게 '찍는 것도, 보는 것도, 유포하는 것도 모두 범죄'라는 것을 반드시 알려주자.

스마트폰 사용 관련
Q. 온종일 스마트폰만 보거나 게임을 하는데 어떻게 해야 할까요?

왜 아이가 종일 스마트폰만 보거나 게임을 하게 되었을지 걱정하기 전에 원인부터 곰곰이 생각해 보자. 그래야 해결의 실마리를 찾을 수 있다. 그 이유의 대부분은 스마트폰이나 게임을 대체할 만큼 현실에서 친밀한 소통과 만족이 부족하기 때문이다.

강의를 통해 수십만 명의 학생을 만났다. "왜 집에서 가족끼리 대화보다 스마트폰을 보거나 게임을 하게 되나요?"라고 물어봤다. 대부분의 아이들이 "집에서 엄마, 아빠가 맨날 공부만 하라고 해요. 함께 대화한 적도 별로 없고요. 근데 스마트폰은 너무 재미있고 저에게 즐거움을 줘요. 저에게는 가장 친한 친구예요."라고 답했다.

스마트폰을 많이 한다고 당장 쓰지 못하게 하는 것은 가장 친한 친구를 끊는 것과 마찬가지다. 모든 문제는 관계로부터 시작한다. 무작정 막기 전에 아이의 입장에 서서 고민해 봐야 한다. 스마트폰 중독 전문가들이 말하는 해결 방법 두 가지를 추천한다. 실제로 이 방법을 교육에서 추천한 뒤에 많은 양육자님이 도움이 되었다고 했다.

첫 번째, 아이 앞에서 스마트폰 하지 않기

가장 중요한 절대 원칙이다. 내가 만났던 아이들이 하나같이 했던 말이 "엄마, 아빠는 해도 되는데 왜 우리는 안 돼요?"였다. 양육자는 아이의 거울이다. 아이에게 스마트폰을 쓰지 못하게 하면서 양육자가 아이 앞에서 쓴다면 무용지물이다. 아이의 스마트폰을 통제하기 전에 자신부터 안 하는 것이 중요하다.

지난 《지금 해야 늦지 않는 메타버스 성교육》에서 다룬 한 보건 선생님의 사례인데, 가정에서 '스마트폰 프리 데이'를 만들어 본인부터 사용하지 않고 아이들과 소통했다. 덕분에 아이들과 시간을 보내며 가장 친한 친구가 될 수 있었다고 한다.

이처럼 양육자가 먼저 모범적인 행동을 보여주면, 아이도 따라 할 가능성이 크다. 따라서 양육자는 스마트폰 사용을 자제하

고, 가족과 함께 대화하고, 놀이 활동에 참여하는 모습을 보여주
어야 한다.

두 번째, 스마트폰 사용 규칙 설정

첫째 원칙이 적용되었다면 아이와 대화를 통해 스마트폰 사
용 시간을 정해보자. 스스로 통제하고 절제하는 자기 조절력을
기르는 단계다. 예를 들어 식사 시간에는 스마트폰 사용을 금지
하고, 잠자리에 들기 30분 전에는 스마트폰 사용을 중단하는 등
의 규칙을 만들 수 있다.

하루 1~2시간 정도로 정해놓고 사용하는 것도 좋다. 내가 만
났던 양육자는 평일에 1시간으로 제한하고 주말에는 자유롭게
사용하도록 했다. 자유와 절제를 아이가 스스로 배울 수 있도록
교육했다. 덕분에 아이는 규칙을 지키면서 스마트폰을 지혜롭게
사용했다.

온라인에서의 관계 관련

**Q. 아이가 온라인에서 동갑 친구를 만났어요. 매일 연락하고 사랑 가
득한 메시지를 보내기도 하는데, 온라인으로 만난 사람이라 걱정되네요.**

양육자로서는 충분히 걱정될 수 있다. 요즘 온라인에서 사람
을 만나는 것은 너무 일상화되어있다. 성인들도 온라인이나 소

개팅 앱을 통해 만나는 경우도 부지기수다. 무작정 막아서는 오히려 소통의 단절만 온다. 온라인으로 만난 사람과 대화하는 경우 아래와 같이 세 가지 조언을 하는 것이 좋다.

첫째, 안전한 온라인 사용

메타버스나 온라인에서 만난 사람들과 연락할 때는 개인정보 보호와 함께 안전한 인터넷 사용법을 알고 있어야 한다. 실제로 보지 않았기 때문에 개인정보, 사진, 영상을 전송하면 절대 안 된다. 이런 내용이 범죄로 악용될 수 있기 때문이다.

둘째, 신중한 판단

온라인에서 만난 사람과 친해지는 과정에서도 신중한 판단이 필요하다. 그 사람이 누구인지 확실히 모르기 때문에 자신의 이야기를 솔직하게 말하는 것도 조심해야 한다. 상대방이 말하는 내용도 사실인지 확실히 확인하고 믿을 수 있는 사람인지 확인하는 과정도 필요하다.

셋째, 오프라인 만남은 더더욱 신중하라

온라인에서 소통하다가 친해질 경우 오프라인에서 만날 수 있다. 가급적 만나지 않는 것을 추천한다. 그 사람이 어떤 사람인지 제대로 모를뿐더러 특히 아이들에게 위험할 수 있기 때문이다. 만약에라도 만나야 한다면 꼭 안전한 장소에서 만나도록 하고, 양육자나 다른 사람에게 알리는 것이 좋다고 말해주자. 만약 상대방이 잘못된 행동을 하거나, 자신의 안전에 대한 위협이 된다고 생각된다면 즉시 신고하도록 해야 한다. 무엇보다 피해자는 잘못이 없기 때문에 어떤 경우라도 아이가 양육자에게 말할 수 있도록 믿음을 주고 신뢰를 쌓아야 한다.

온라인에서 만나는 것은 편리하고 쉽게 접근 가능한 방법이다. 하지만 동시에 엄청난 위험성도 존재한다. 따라서 안전을 최우선으로 생각하며, 신중하게 판단하고 만나야 한다. 아이가 어떤 경우라도 양육자한테 말할 수 있도록 평소에 관계 형성을 꾸준히 하자.

6장

—

아이와 함께하는 메타버스 시대의 실전 성교육

디지털 기기 건강하게
사용하는 가족 만들기

디지털 성범죄에 대해 양육자 교육을 할 때마다 강조하는 이야기가 있다. 결국 우리는 양육자로서 어떤 것들에 에너지를 쓸지 정확하게 알고 있어야 한다는 것이다.

아이가 디지털 기기를 사용하는 것 자체에 대해 두려움을 느끼고 전전긍긍하면서 막으려고 에너지를 쓰는 것은 얼마 못 가 불가능한 개입이 된다. 아이가 사는 평생에 걸쳐 양육자가 아이의 디지털 기기를 대신 컨트롤해 줄 수는 없다. 무엇보다, 우리 아이들은 디지털 원주민이다. 우리 아이들이 디지털 기기와 함께 살아가야 하는 것은 막을 수 없는 아이들의 운명인 것이다. 디지털 기기 사용을 막는 방법은 21세기에 자동차를 타지 말고 말을 타고 다니라거나 10킬로미터 길을 걸어서 다니라고 하는 것 같이 말도 안 되는 이야기다.

우리 아이들이 살아갈 세상을 이해하고 어떤 개입을 해야 하는지 확실히 알고 양육을 하는 것은 매우 중요하다. 즉 우리는 메타버스 시대에 아이들의 온라인 생활을 감시하고 막는데 집중하는 게 아니라, 어떻게 하면 좋은 방향으로 사용할 수 있는지 안내하고 경험시켜주는 것이 중요하다는 뜻이다.

아무리 좋은 이야기를 하려고 해도 양육자 입장에서는 메타버스 시대는 아이를 양육하는 데 있어서 또 다른 큰 고민거리와 두려움이 생기는 일이라고 느껴질 수 있다. 그러나 이 책을 통해 실제로 조금씩 행동으로 옮기면서 아이들과 함께 메타버스를 건강하게 사용할 수 있는 방법을 찾길 바란다.

디지털 기기 사용에 대한 기준과 책임을 함께 고민하기

아이들에게 디지털 기기를 사주기 전, 자신의 디지털 기기 사용에 대한 기준과 책임을 정해보았는지 생각해 보자. 아이들에게 스마트폰을 사줘야 할까 말까, 언제가 적당할까 고민하는 것도 필요하지만 대부분 우리 아이들이 디지털 기기를 접하는 시기는 아이들이 알아서 사용하기 어려운 나이다. 대부분의 아이가 엄청 빠르게 디지털 기기를 접하기 때문이다. 그렇다면 기기를 쥐여주기 전에 일어날 수 있는 다양한 상황들을 예측해 보고 어떻게 하면 안전하고 건강하게 디지털 기기를 사용할 수 있을지 고민해 보는 시간이 필요하다.

솔직히 어른들도 디지털 기기를 안전하고 건강하게 사용하는 건 힘들다. 디지털 기기를 사용하는 어른 중에서 아무 생각 없이 SNS를 보느라 몇 시간을 훌쩍 흘려보내거나 습관적으로 스마트폰 잠금을 풀고 화면을 보는 행동을 한 번도 하지 않은 사람은 없을 것이다. 어른도 힘든데 아이들은 오죽할까. 그러니 아이들에게 디지털 기기를 제공하기 전에 반드시 디지털 기기가 생기면 일어날 상황들에 관해 이야기 나누고 자기만의 기준을 세우는 과정이 필요하다.

디지털 기기 사용에 관해 갈등이 일어나는 가정을 보면 양육자가 일방적으로 정하는 규칙을 아이가 지키도록 강요하고 양육자는 규칙 없이 디지털 기기를 사용한다. 본인이 세운 규칙도 노력해야 지킬 수 있는데 나와 상의도 없이 다른 사람이 세운 규칙을 따르는 게 아이들이라고 기분 좋은 일일까? 그러므로 디지털 기기 사용에 대해 책임감을 갖게 하고 스스로 자신이 지킬 규칙을 만드는 것은 무엇보다 중요한 첫 번째 단계가 될 것이다.

만약 이미 우리 아이는 디지털 기기를 사용하고 있는 상태라고 하더라도, 디지털 기기를 어떻게 안전하고 건강하게 사용할 수 있을까에 대해 대화와 토론을 통해 생각하게 하는 것이 필요하다.

가족 모두가 함께 지킬 수 있는 규칙 만들기

아이에게만 책임과 기준을 강요해서는 안 된다. 앞서 말했듯이 어른은 어른이기 때문에 가능하지만 너는 어리기 때문에 안 된다는 주장은 아이들에게 분노와 반발심만 키울 뿐이다. 나는 되고 너는 안 된다는 '내로남불'의 자세는 누구든 불쾌하고 억울하게 만들 수 있다는 것을 기억하자.

디지털 기기를 건강하고 안전하게 사용하는 가족이 되기 위해 모든 가족 구성원이 합리적이라고 납득할 수 있는 규칙을 만드는 것 또한 중요하다. 예를 들어 밤 10시 이후로는 모두 거실에 디지털 기기를 놓고 방에 들어가는 것이다. 잘 때 각자 방으로 스마트폰을 가지고 들어간다면 아이들의 수면과 성장에도 방해가 될뿐더러, 자연스럽게 각자 방에 들어가서 디지털 기기와 함께 보내는 시간을 더 선호하게 될 것이다.

또는 특정 요일과 시간을 정해 가족 모두가 디지털 기기를 사용하지 않고 보드게임을 하거나 책을 보거나 영화를 보는 등의 다른 활동을 하는 것이다. 이 방법은 디지털 기기 사용으로 인해 가족들의 대화가 단절되고 점점 멀어지는 것을 방지하기 위해서도 유용한 방법이다.

가족 모두가 함께 지켜야만 하는 규칙을 만들고 양육자가 솔선수범의 모습을 보임으로, 아이들이 이해하고 함께 실천해 볼 수 있는 동기를 주는 것, 그리고 양육자부터 건강하고 안전한 디지털 기기 사용을 위해 노력하는 것이 아이들에게 좋은 영향을 미칠 수 있다.

긍정적인 자극을 통해 메타버스의 순기능 경험하기

아이들과 함께 메타버스와 관련된 창의적이고 유익한 곳을 가보는 것도 도움이 된다. 디지털 기기, 메타버스가 혼자만의 공간에서 게임 같은 자극적인 콘텐츠를 접하기 쉬운 기술이지만, 어렵기만 한 다양한 분야의 이론들을 간접 경험해 볼 수 있는 좋은 도구가 되기도 한다. 아래 나와 있는 리스트들을 보고 가까운 곳이 있다면 아이들과 함께 방문해 보고 이야기 나눠보자.

| 메타버스를 체험해 볼 수 있는 장소 |

장소명	링크	주소
서대문 자연사 박물관	www.sdm.go.kr/360vr/06_nature_museum/index.html	서울 서대문구 연희로32길 51
세대공감 놀이터	sedaegonggam.imweb.me	서울 동작구 노들로2길 7
신안 퍼플박스	purpleboxmuseum.com	전남 신안군 안좌면 소곡두리길 296
강남 메타버스 체험관	gnmeta.modoo.at	서울 강남구 삼성로 628
독도체험관	dokdomuseum.nahf.or.kr	서울 영등포구 영중로 15
메타버스 스터디 카페	blog.naver.com/campvr	대구 중구 동성로 25
티움 메타버스	tum.sktelecom.com	서울특별시 중구 을지로 65
서울퓨처랩4.0	blog.naver.com/seoulfulab	서울특별시 강서구 마곡중앙5로 9

유아기 때 성교육이
그 이후를 결정한다

메타버스와 유아 성교육은 뭔가 안 어울리는 단어들 같다. 아직 유아기 자녀는 너무 어리게 느껴지기 때문일 것이다. 하지만 유아기 아이들이 디지털 기기를 접하지 않는 경우는 거의 없다. 특히 의사소통이 가능하고 자기주장을 할 수 있는 4세 이상인 경우, 1번 이상은 양육자의 스마트폰을 본 적이 있을 것이다. 메타버스 시대의 실전 성교육에서도 일반 성교육과 똑같이 유아 성교육이 중요한 이유이다.

일반 성교육에 관한 책들에서도 유아 성교육의 중요성을 언급했었다. 유아기 시기는 성정체성을 획득하면서 남녀의 차이, 아이와 어른의 차이를 알게 되고 그에 관한 많은 질문을 하게 되는 시기이다. 또한 자신의 존재에 대해 궁금해하면서 아이가 어떻게 생기고 어디로 세상에 나오게 되는지 호기심을 갖는 시기이기도 하다. 성에 국한되어서 설명하면 이런 발달적 특성이 있지만, 통합적으로 보면 유아기 시기는 '자기주장과 언어 표현이 충분히 가능해지면서 동시에 세상에 대한 호기심이 많아지는 때'이다. 그런 시기적 특성상 아이가 디지털 기기, 온라인 세상 속의 콘텐츠들, 메타버스 안의 게임 등에 관해서도 관심을 가지기 시작하는 시기이다. 또한 양육자도 유아기 자녀를 양육할 때 때때로 디지털 기기를 아이에게 쥐여주기도 하므로 메타버스 관련 성교육에서도 유아기 때부터 어떻게 개입하느냐는 굉장히 중요한 부분이 될 수 있다.

유아기 때 관계와 교육이 그 이후를 결정한다

유아기에 생활습관, 식습관, 양육자와의 관계, 성에 대한 건강한 인식, 디지털 기기나 미디어 사용 습관 등을 배우게 되고 이때 배운 것들은 아이가 살아갈 그 이후의 습관을 결정한다. 결정론을 좋아하는 편이 아니지만, 습관의 힘은 매우 중요하기 때문에 유아기 때의 습관이 평생을 좌우한다는 표현이 과하지는 않다. 예를 들어 어릴 때부터 늦게 자는 아이들은 특별한 노력을 하지 않는 한 일찍 자는 습관을 지니기는 어렵다. 그렇게 늦게 자는 습관이 생기면 성장이나 학업에도 영향을 줄 가능성이 있다.

성에 대한 습관도 마찬가지다. 일단 집에서 성에 관한 이야기를 편하게 나눌 수 있고 질문할 수 있는 분위기가 중요하다. 그런 분위기를 만들지 못하면 아이들은 점점 궁금한 점이 있어도 양육자에게 가정에서 질문하지 않게 된다.

디지털 기기 사용 습관도 유아기 때부터 제대로 갖도록 하는 게 필요하다. 너무 일찍 디지털 기기를 사용하는 아이들은 인지, 언어, 정서, 행동 발달에 부정적 영향을 받을 수도 있다는 연구는 수없이 많이 있다. 그러니 유아기 때부터 성교육을 제대로 해주는 것은 아이가 평생 건강한 성인식을 가지고 살아갈 수 있는 밑바탕을 만들어주는 것이며, 디지털 기기 사용에 대한 좋은 습관을 가지게 하는 것은 아이가 건강하게 발달할 수 있도록 해주는 것이다.

메타버스 시대의 단계별 유아 성교육

1단계: 마음껏 질문하도록 분위기를 만들어주자

유아기 때는 모든 부분에 대한 질문이 많아지는 시기이다. 그런데 당황스러운 마음에 아이의 질문을 막거나 대답을 피하게 되면 아이들은 질문하지 않게 된다. 이런 방향으로 흘러가게 되면 질문에 대한 답을 얻지 못하는 당장 문제도 있지만 동시에 아이는 점점 양육자를 신뢰하지 않게 된다. 질문에 대답하지 않는 것이 신뢰 문제까지 연결된다는 말이 당황스럽게 들릴 수도 있겠지만, 아이들의 질문은 이유가 있다.

모든 아이는 세상을 탐색해가는 첫 번째 과정에서 본인이 제일 믿고 있는 어른에게 세상에 대해 질문한다. 아이들의 질문은 단순히 궁금한 것을 넘어서서 세상을 탐색해가는 과정이며 신뢰를 보여주고 확인하고 쌓아가는 부분이기도 하다. 그러므로 성을 포함한 모든 부분에서 아이의 질문에는 성심성의껏 대답해주고, 대답이 어렵다면 당황하지 말고 아이들이 보는 그림책, 동화책 사용해 설명하면 된다. 특히 성에 관한 질문은 말로 설명하는 게 어렵기 때문에 반드시 책이나 교구를 활용하는 것이 좋다.

2단계: 디지털을 독으로 사용하고 있는지 점검

아이에게 건강한 디지털 기기 사용 습관을 길러주고 싶다면, 내가 아이에게 디지털 기기를 독으로 사용하고 있지는 않은지 점검해야 한다. 대부분 양육자는 아이에게 스마트폰이나 태블릿 PC를 주는 게 독이라는 것을 안다. 그래서 안 보여주려고 노력하다가 결국 보여주게 되는 때가 있다. 그때가 양육자의 편의나 양육자가 원하는 것을 얻기 위한 것인지, 아이를 위한 것인지 점검해야 한다.

예를 들어 아이가 너무 칭얼대서 달래기 위해 보여주는 것, 밥을 안 먹어서 보여주는 것, 양육자가 개인 시간을 보내기 위해 보내는 것 등은 아이를 위한 것이 아니다. 만약 아이가 비행기에 대해 궁금해하고 충분히 많은 책과 그림들을 보여줬음에도 불구하고 더 많은 자료를 원할 때 유튜브나 교육 채널에 나오는 비행기 관련 영상을 보여주는 것은 아이에게 득이 되는 사용법이다. 양육자의 편의를 위해 디지털 기기를 사용한다면 디지털 기기는 아이에게 독이 될 것이다. 그리고 부정적 강화가 되어 디지털 기기가 없이는 그 행동을 하지 않게 될 수 있다. 그러니 내가 아이에게 디지털 기기를 어떤 용도로 주로 사용하게 되는지 점검하는 것도 중요한 부분이다.

3단계: 건강한 디지털 기기 사용 습관 만들기

건강한 디지털 기기 사용 습관을 위해 유아기 아이에게는 최대한 안 보여주는 게 가장 좋다. 인간이 가장 폭발적으로 발달하고 중요한 발달이 일어나는 시기인 만큼, 아무래도 발달에 방해가 되는 것은 하지 않는 게 좋다. 그뿐만 아니라 평생을 갖고 살게 되는 습관을 만드는 데 굉장히 중요한 시기이기 때문에 디지털 기기 사용은 하지 않거나 최대한 늦게 허용하는 게 좋다.

또한 무조건적으로 받아들이지 않도록 끊임없이 아이와 이야기 나눠야 한다. 아이들이 보는 만화나 교육 방송에서조차 아이들이 그것을 보고 무엇을 생각하고 느끼는지 반드시 대화를 통해 점검해야 한다. 디지털 기기나 미디어가 보여주는 것을 수동적으로 받아들이기만 하는 것은 아이들에게 도움이 되는 방법이 아니다.

다음 내용을 아이와 함께해 보자.

1. 집에 있는 디지털 기기를 찾아보세요.	집안을 돌아다니면서 손으로 짚으면서 찾는 것도 좋고, 찾은 기기들을 종이에 그려보는 것도 좋습니다.
2. 각 디지털 기기를 언제, 누가 사용하는지 이야기 나눠보세요.	언어 발달이 빠른 아이들과는 말로 나누는 것도 좋고, 가족 구성원별로 다른 색(또는 모양)의 스티커를 그림에 붙이면서 구분해 보는 것도 좋습니다.
3. 규칙을 정해보세요.	아이가 디지털 기기나 TV를 보는 것에 있어서 스스로 규칙을 정할 수 있도록 해주시고, 당연히 어른들도 아이와 함께 지킬 수 있는 규칙을 정한 후 서로 합의하고 예쁘게 정리해서 잘 보이는 곳에 붙여주세요.
4. 실천은 좋은 습관을 만듭니다.	함께 정한 규칙 옆에 칭찬 스티커를 붙여놓고 잘 지킨 사람 또는 어긴 사람은 체크해서 합의된 상이나 벌을 받으며 습관을 만들어갑니다. 이때, 모두가 스트레스받지 않고 건강한 습관을 만드는 즐거운 일이라고 생각하고 함께 노력해 주세요.

같이 메타버스를 경험해 보는
초등학생 성교육

보통 초등학생 때 본격적으로 스마트폰을 구입하거나 사용하게 된다. 강의에서 만난 아이들도 처음 스마트폰을 사용하고 메타버스를 경험한 시기가 초등학생 때였다. 뭐든지 첫 단추를 잘 끼워야 한다. 아이에게 무턱대고 스마트폰을 주기보다 앞서 말했던 것처럼 어떻게 사용할 건지에 대화해 보고 나눠주자.

초등학생 아이에게 메타버스 성교육을 하기 전에 함께 스마트폰과 메타버스 활동에 대해 규칙을 정하고 사용하자. 서로 규칙을 정했다면 아이가 좋아하는 메타버스 게임에 관한 책을 함께 읽으며 직접 참여해 보는 것도 좋다.

메타버스 성교육은 지식뿐만 아니라 '실천'이 중요하다. 그중에서 가장 빠르게 배울 방법은 직접 메타버스 세상에 들어가 활동하는 것이다. 백문불여일견(百聞不如一見)이다. 함께 경험해 봐야 메타버스가 무엇인지 조금이라도 알 수 있다.

양육자와 아이가 함께 나눌 수 있는 메타버스 콘텐츠

메타버스 성교육의 가장 좋은 방법 중 하나는 직접 메타버스 세상을 배우고 익히는 것이다. 아래 메타버스 활동을 위한 유용한 책을 소개한다.

책《초등학생을 위한 메타버스 크리에이터 무작정 따라하기》

《초등학생을 위한 메타버스 크리에이터 무작정 따라하기》(송다영·이다인, 길벗, 2022)는 메타버스에 개념과 기본기를 단단히 다지고 아이와 함께 보며 활용할 수 있는 책이다. 이 책은 메타버스를 잘 모르는 학생이나 양육자들도 차근차근 따라 할 수 있도록 친절하게 구성했다. 아이들에게 친숙한 제페토와 제페토 스튜디오, 빌드잇을 통해 재미도 챙기고 창의력도 키울 수 있다.

새로운 가상 세계에 대해 쉽고 재미있게 배우는 한편, 재미에만 빠지지 않도록 메타버스 관련 소양과 교과 연계 예제를 통해 학습 효과까지 챙길 수 있다. 내용과 사례, 이미지 자료도 풍성해 양육자가 아이들과 함께 보기에 좋다. 스스로 생각해 볼 수 있도록 메타버스 크리에이터를 위한 디지털 윤리 자가 진단 키트도 제공한다.

'무작정 따라 하기' 챕터에서는 직접 과정을 따라 해볼 수 있다. 매일 하나씩 따라 하면 11주에 걸쳐 제페토를 완료할 수 있는 학습진도표가 있다. 메타버스와 학습이 따로가 아닌 함께 연계해서 할 수 있는 책이다. 학기 중 시간이 없다면 방학 중이라도 아이와 함께해 보자.

책《김상균 교수의 메타버스》

《김상균 교수의 메타버스》(김상균·오정석 글, 조경옥 그림, 동아시아 사이언스, 2021)는 메타버스 국내 최고의 전문가인 김상균 교수와 다양한 어린이 콘텐츠를 만들어 온 오정석 작가가 협업하여 만든 책이다. 메타버스란 무엇이고, 어째서 메타버스가 미래 산업 분야의 가장 중요한 키워드인지 친절하게 알려준다. 우리가 발을 딛고 사는 아날로그 지구와 온라인 세상으로 가득 찬 메타버스 디지털 지구에 대한 비교와 설명이 아주 잘 되어있다.

메타버스를 아는 것이 왜 필요한 일이고 중요한지 일상생활에 쓰이는 앱들과 게임을 예로 들어 쉽게 설명한다. 뉴스와 다양한 매체에서 메타버스란 말을 자주 들어봤지만 정확한 개념은 잘 모르는 양육자, 다양한 토론과 논술을 위해 요즘 세상이 어떻게 돌아가는지 알아야 하는 학생들에게 이 책을 추천한다.

아이와 직접 대화 나눠보기

앞에서 추천한 책을 함께 읽은 후 아이와 다음과 같은 질문을 나눠도 좋다. 다양한 질문과 대답을 통해 아이가 메타버스 게임을 하면서 스스로가 분별력과 판단력을 기를 수 있도록 도와야 한다. 질문 1번에는 답을 적어보았다. 꼭 답을 찾기보다는 아이와 대화하는 것에 초점을 맞춰 나누면 된다.

1. 메타버스는 무엇이며, 스마트폰과 어떤 관련이 있을까?
   예: 가공, 추상을 의미하는 '메타(Meta)'와 현실 세계를 의미하는 '유니버스(Universe)'의 합성어로 3차원 가상세계를 의미한다. 스마트폰은 메타버스에 접속해 가상 세계를 체험할 수 있는 기기 중 하나다. 따라서 스마트폰은 메타버스를 경험하는 데 필수적인 장치 중 하나다.

2. 게임 속 아바타로 실제 살게 된다면 가장 하고 싶은 것은 무엇이며 그 이유는?

3. 게임에서 아바타로 만나면 서로의 진짜 모습을 알 수 없다. 이런 경우 어떤 좋은 점과 나쁜 점이 있을까?

4. 인터넷에서 만난 사람에게 상처가 되는 거친 언어, 욕설, 성희롱 발언을 들으면 어떻게 해야 할까?

5. 누군가가 나에게 선물을 주겠다고 개인정보나 사진을 요구할 때 어떻게 해야 할까?

경험하는 만큼 오해가 아닌 이해를 하게 된다

이렇게 메타버스에 대해 다양한 질문과 답변을 주고받다 보면 아이와 친밀해지고 서로 성장하게 된다. 예전에 인천에서 메타버스 성교육을 들었던 한 양육자는 아이와 내가 추천했던 책을 읽고 메타버스 체험관까지 다녀와 이렇게 말했다.

"와, 진짜 신세계였어요. 메타버스에 대해서 이야기만 했지 직접 그 세계로 들어가니까 재미있고 신기하더라고요. 무엇보다 아이가 너무 좋아했어요. 자신이 하는 활동에 관심을 가지고 함께하니깐 활짝 웃으며 기뻐했습니다."

"혹시라도 메타버스 게임을 하다가 이상한 사람이 말을 걸거나 성희롱을 하면 바로 엄마와 아빠에게 말한다고 약속했어요. 그동안 메타버스에 대해 막연하게 걱정하고 오해했었는데, 경험해 보니깐 이해하게 되더라고요. 다음에는 함께 메타버스 체험관을 가자고 이야기 나눴습니다."

머리로 아는 것을 넘어 직접 활동하고 생생하게 체험하면 양육자와 아이 모두 좋아한다. 아이와 친밀해지는 것은 덤이다. 메타버스와 관련된 책을 읽거나 메타버스 활동을 하면서 느낀 점이 있다면, 다음 질문에 답해보며 생각을 정리해 보자.

1. 가장 기억에 남는 순간은 무엇인가?

_____

_____

2. 앞으로 기대되는 점이나 걱정되는 것은 무엇인가?

_____

_____

3. 메타버스에서의 성교육은 어떻게 이루어질까?

_____

_____

4. 메타버스에서의 성차별, 성희롱 등 문제가 발생하면 어떻게 대처해야 할까?

_____

_____

5. 아이와 성을 주제로 대화하고 신뢰를 주기 위해 어떻게 해야 할까?

_____

_____

메타버스에 대해 함께 대화하는
청소년 성교육

청소년 자녀에게 성교육을 할 때 가장 중요한 것은 바로 '대화'
를 나누는 것이다. 사춘기 아이들을 양육하는 양육자들을 만나
면 성에 관한 대화는커녕, 일상적인 대화를 나누는 것도 어려워
한다. 청소년기 아이들은 초등학생 때보다 훨씬 더 자아가 성장
하고 성숙해졌기 때문에 양육자가 하는 말을 그대로 믿거나 원
하는 대로 행동하지 않는다.

먼저 성에 관한 이야기하기보다 아이들이 좋아할 만한 주제
를 찾아 같이 대화를 나누는 것을 추천한다. 가장 추천하는 것은
영화를 보는 것이다. 누구나 공감할 수 있고 재미있어하는 주제
이기 때문이다.

함께 나눌 수 있는 메타버스 성교육 콘텐츠

아이와 메타버스에 관한 재미있는 영화 한 편을 보고 대화를 나눠보자. 그중 〈레디 플레이어 원〉을 강력하게 추천한다. 영화계의 거장 스티븐 스필버그가 연출한 이 영화는 다가오는 메타버스 세상을 아주 잘 표현해 낸 영화다. 청소년기 자녀와 함께 영화를 보고 대화를 나눈다면 상상력, 창의력 상승에도 도움이 될 것이다.

〈레디 플레이어 원〉 줄거리

이 영화는 2045년 식량 파동, 인터넷 대역폭 사태로 세상은 엉망이 된다. 암울한 세상 속에서 사람들은 메타버스 가상 세계인 '오아시스(OASIS)'에서 자신만의 아바타를 가지고 활동한다. 오아시스는 생각하는 대로 뭐든지 할 수 있고 될 수 있는 낙원이다. 이곳에서 숨겨진 이스터에그를 찾는 모험을 그린 영화다.

영화 〈레디 플레이어 원〉 포스터

게임의 창시자 제임스 할리데이는 본인이 사망한 후 유산을 찾기 위한 대회를 열었다. 이 대회에서 이기면 그의 유산을 상속

받을 수 있는 소식이 전해지며, 대회는 전 세계적인 관심을 받는다. 주인공 파시벌(가상 캐릭터 이름)은 이 대회에서 승리하기 위해, 할리데이가 남긴 퍼즐을 푸는 모험을 떠나게 된다. 이를 위해 파시벌은 친구들과 함께 오아시스에서 여러 가지 미션과 퀘스트를 수행하며, 게임 안에서의 경쟁과 협력을 경험한다.

이 대회에 참가하는 동안 파시벌과 그의 친구들은 거대 기업과 그들의 악한 계획, 그리고 함정과 위험으로 가득한 여정을 겪게 되며, 결국은 그들이 할리데이가 남긴 퍼즐을 풀고 유산을 찾아내는 것이 불가능할 것처럼 보인다. 하지만 파시벌과 그의 친구들은 서로의 지지와 협력을 통해 이를 극복하고, 할리데이의 유산을 찾아내며 새로운 삶을 시작한다.

〈레디 플레이어 원〉을 보고 아이와 대화 나눠보기

〈레디 플레이어 원〉은 VR(가상현실) 메타버스의 예를 아주 잘 보여주고 있다. 주인공은 스마트 글라스를 장착하고 수트를 입고 오아시스라는 디지털 가상 세계 플랫폼으로 들어간다. 그 세계에서는 현실 모습이 아닌 아바타 모습으로 움직인다. 현실과 유사한 가상 세계에서 '제2의 삶'을 꾸리는 것이다.

아이와 함께 영화를 감상한 후, 다음 페이지에 나와 있는 질문을 가지고 서로 이야기해 보자. 양육자와 아이가 함께 메타버스에 대해 같이 생각해 보는 시간이 될 것이다.

1. 미래에 가상현실이 현실보다 더 중요해질 가능성이 있을까? 어떤 문제점이 예상될까?

2. 이 영화에서 오아시스라는 가상현실 게임이 현실에서 인간관계를 대체하는 역할을 하고 있다. 어떻게 생각하는가? 가상현실이 현실에서 사회적 관계를 바꿀 수 있을까?

3. 이 영화에서 주인공들은 게임 안에서 서로의 모습을 알 수 없다. 이러한 익명성은 어떤 이점과 단점이 있을까?

4. 생생하게 느낄 수 있는 〈레디 플레이어 원〉 세상에서 발생할 수 있는 성 문제와 대처 방법은 무엇이 있을까?

5. 이 영화에서 나온 가상현실 게임 오아시스가 실제로 존재한다면, 당신은 이 게임에서 어떤 활동을 하고 싶나? 왜 그 활동을 선택하게 되었나?

6. 이 영화에서 주인공 파시벌은 가상현실 게임 안에서 자신의 모습을 완전히 바꿀 수 있다. 만약 이러한 기회가 주어진다면 자신의 모습을 어떻게 바꾸고 싶나? 그 이유는 무엇인가?

7. 이 영화에서 거대 기업 IOI는 오아시스를 통제하고자 한다. 이러한 기업의 통제력이 현실에서 어떤 영향을 미칠 수 있을까?

하브루타 성교육으로 지혜의 힘을 키워라

이렇게 영화를 주제로 아이와 대화를 나누는 방식을 '하브루타'라고 한다. 지난 책에서 하브루타 성교육을 소개했다. 하브루타는 두 명씩 짝을 지어 어떤 내용에 대해 자기의 생각을 말하며 토론을 하는 방식이다. 이 방법은 생각하는 힘과 주도성을 키운다.

하브루타는 상대방의 이야기를 들어보면서 배워나가는 방법으로, 말하기와 경청이 모두 필요한 대화 훈련법이다. 이 대화 훈련법을 통해 자기 생각을 말하며 정리가 되고 상대방의 주장을 들으며 새로운 관점을 배우게 된다. 하브루타는 단순히 지식을 넘어 통찰력과 지혜를 가르친다. 여기서 중요한 것은 억압이나 일방적인 금지 수칙을 나열하는 것이 아니라, 함께 토론하고 대화하며 성에 대한 아이의 관점을 바꿔주고 넓혀줘야 한다.

더는 성교육이 지식에만 머물러서는 안 된다. 지식을 넘어 지혜와 통찰을 얻는 방법에 대해 고민하고 찾아가는 과정이어야 한다. 그래야 다가오는 메타버스 세상 속에서 스스로를 돌아보고 지키며 서로 존중할 수 있다. 양육자들이 항상 가장 어려워하는 것이 '아이와 성에 대해 어떻게 대화를 시작할까?' 이다. 지혜로운 양육자는 아이에게 지혜를 가르치기보다는 '스스로가 지혜로워질 수 있도록 인도한다.' 마음을 조금 편하게 생각하고 영화를 통해 자연스럽게 그 첫 문을 열어보자. 아이와 함께 대화를 나눈 후에 다음에 나오는 질문에 답하며 느낀 점을 적어보자.

1. 영화에서 나오는 경험이 성표현물과 만났을 때 어떤 일들이 일어날까?

_____

_____

2. 영화를 보고 아이와 대화를 나누며 가장 인상 깊었던 것은 무엇인가?

_____

_____

3. 영화에서 다루는 문제와 실제 상황이 실제 세계에서도 발생할 수 있을까? 그렇다면 그에 대한 대처 방법은 무엇일까?

_____

_____

4. 하브루타 성교육 대화법을 하고 나서 느낀 점은 무엇인가?

_____

_____

5. 영화 이외에 아이와 또 어떤 방법으로 친해지고 대화를 나눌 수 있을까?

_____

_____

성교육이
'당연한' 세상이
올 때까지

얼마 전, 어느 중학교에 교직원들을 위한 성희롱 예방교육을 하러 갔다. 성희롱 예방교육은 1년에 한 번씩 의무적으로 하는 교육이라 서로에게 익숙한 느낌의 교육이기도 하지만 강사에게는 좀 긴장되는 교육이기도 하다. 언제나처럼 신경 써서 준비하고 강의를 마쳤다. 그날 강의가 끝나고 참 이상한 질문을 받았다.

"왜 그렇게 열심히 하세요?"

어쩌면 열심히 하는 것이 당연한 세상에서 그 질문은 나에게 묵직한 무언가를 느끼게 했고 가슴이 찌릿하게 만들었다.

'그러게… 나 왜 이렇게 열심히 하지?'

10년 넘게 이 일을 하면서 최근에 '나는 왜 이 일을 하고 있는가?'라는 생각을 참 많이 하게 된다. 성교육을 하면서 뿌듯하고 기쁜 날도 있지만 어떤 때는 참 많이 지치는 날도 있다.

어떤 때는 부족했다 싶은 강의인데 그 안에서 감동을 받는 사람도 있고, 어떤 때는 만족스럽다 싶은 강의인데 나의 부족함에 대한 피드백이 오기도 한다. '성'이라는 것 자체가 정말 많은 것들을 품고 있고 개인마다 받아들이고 느끼는 게 너무나도 다르기 때문에 교육을 하는 사람의 생각과 느낌도, 받아들이는 사람의 생각과 느낌도 예측할 수없이 다양하다.

그래서 그런지 성교육에 대한 의견은 다양하고 변화는 더디게 느껴지기도 한다. 예전보다 성교육의 중요성을 알게 된 사람들은 많고 사회적으로도 성교육을 제대로 해야 한다는 목소리가 더 커지고 있지만, 여전히 우리 사회는 성 문제로 곪아가고 있고, 아직까지도 성교육은 위험한 교육이라는 인식이 있다. 심지어 어떤 사람들은 아이들에게 성교육 하는 것을 반대하기도 하고, 공교육은 성교육을 줄이고 많은 제약을 만들어가고 있다.

최근 자주스쿨이 포괄적 성교육을 하는 기관이라는 이유로 강의 취소 민원을 넣고 취소시키지 않으면 시위를 하겠다며 교육 담당 공무원에게 협박 아닌 협박을 하는 사람들을 마주하게 되었다. 자신의 가치관이 옳다고 우기며 교육을 신청했던 몇백 명의 사람들이 교육받을 기회를 빼앗는 자신들의 행동을 폭력이라 인지하지 못하는 어른들을 보며 피눈물이 났다.

잘못된 정보들을 진짜라 믿으며, 다른 사람이 교육받을 기회를 빼앗은 폭력을 트로피처럼 SNS에 게시하는 사람들을 보며 마음이 너무 아팠다. 강의 몇 개 줄어드는 것은 아무런 타격도 되지 않았다. 오직 그로 인해 교육을 받지 못한 그 지역의 어른들과 아이들이 너무 안타까워 눈물이 났다. 마음이 서글프고 슬픈 이유는 교육의 기회를 빼앗긴 사람들 때문이었다.

아이들이 무분별하게 접하고 있는 잘못된 성 정보들, 아이들을 노리는 심각한 성 문제들을 막거나 바로잡을 수 있는 것은 '성교육뿐'이다. 성교육을 반대하는 이들이 별다른 대안을 내놓지 못하는 것이 이 논리에 힘을 더해준다.

내가 오랜 시간 이 일을 하면서 잡고 있는 희망의 끈은 아주 천천히 조금씩이지만 변화가 일어나고 있다는 사실이다. 많은 분들이 아이 성교육에 대해 고민하고 조언을 얻고 싶어 한다. 그리고 자주스쿨에서 나온 양육자를 위한 성교육 책 6권 중 4권은 베스트셀러가 되었다.

성교육의 중요성을 알고 함께 하고자 하는 분들을 만날 때면 정말 든든하고 힘이 난다. 이렇게 함께 간다면 우리 아이들을 위한 건강하고 안전한 사회가 곧 만들어질 것만 같다. 그리고 언젠가 그렇게 될 수 있다는 확신이 든다.

현재 우리가 접하고 있는 너무나도 심각한 성 문제는 지난 세월 동안 우리 사회의 성교육이 완전히 실패했음을 보여주는 명확한 결과다. 성교육이 실패했으니 사람들의 성지식과 성인식 수준도 높을 리가 없다. 지금 이 사회의 어른들이 얼마나 열심히 전략적으로 노력하느냐에 따라서 앞으로 우리 아이들이 살아갈 세상의 방향이 달라질 것이다.

이렇게 거꾸로 가는 세상에서 내가 할 수 있는 것이라고는 그저 열심히 하는 것밖에 없다. 잠을 줄이고 밥을 굶어가며 이 일을 하는 이유는, 이렇게 하면 우리 아이들이 조금이라도 안전하고 건강하게 살 수 있지 않을까 싶어서다.

나는 성교육을 받지 못해 자라면서 두렵거나 어려웠던 경우도 있었다. 그렇기에 적어도 우리 아이들은 그런 두려움과 어려움을 겪지 않고 더 주체적으로 생각하고 판단하도록 도와주고 싶은 마음 하나로 최선을 다하고 있다. 그리고 그런 아이들을 키우는 양육자를 도와 건강한 성인식을 가진 아이들로 잘 키워내고 싶다. 양육자들이 갖고 있는 성교육에 대한 부담도 함께 해결하고 싶다.

나는 앞으로도 나의 사명을 다하기 위해 최선을 다할 것이다. 힘들고 지칠 때도 있겠지만 함께 하는 자주스쿨과 자주스쿨 밖의 수많은 동료가 있으니, 성교육의 필요성에 대해 이야기할 필요도 없이 성교육이 '당연한' 사회를 만들기 위해 힘닿는 데까지 전진할 것이다.

함께 한다면 무엇이든 가능하다. 그러니 이 글을 보는 많은 어른들이 부디 자주스쿨과 세상을 바꾸는 이들의 손을 잡아주길 간절히 바란다. 우리 아이들을 위하여.

선물 같은 성을 전하는 성교육 강사

김민영

성교육은
'생명'을 살리는
교육이다

2013년부터 성교육을 시작했고, 올해가 딱 10년이 되었다. 얼마 전 10년 전 내 강의를 들었던 한 30대 여성에게서 연락이 왔다. 스무 살에 내 성교육을 듣고 바라던 좋은 사람을 만났는데, 결혼까지 해서 어느덧 초등학생 자녀를 양육하고 있었다.

"선생님의 1세대 제자입니다. 그때 받았던 성교육 덕분에 좋은 남편을 만나 아이를 낳고 행복한 가정을 이루고 있습니다. 그시절 저에게 가장 필요한 금쪽같은 강의를 해주신 덕분입니다. 제 생명의 은인과 같아요."

이런 분들을 볼 때마다 왜 내가 성교육을 하고 책을 써야 하는지 우주 필살 동기부여를 받는다. 2020년부터 매년 책을 출간하기 시작해 벌써 네 번째 책을 출간했다. 책을 쓸 때마다 주변 사람들이 자주 물어본다. "아니 그렇게 바쁜데 책 쓸 시간이 있나요? 해마다 수백 번을 강의하고 이제 대표로서 사업까지 하는데 책까지 쓰는 게 대단하십니다!"

책쓰기에 온전히 집중하고 몰입하면 온몸에 진이 다 빠진다. 글을 쓰는 게 어렵다기 보다는 어떻게 하면 독자에게 좀 더 쉽고 유용한 지식과 지혜를 전달할 수 있을까라는 고민 때문이다. '깊게' 생각해서 '쉽게' 전달하는 데 내 모든 역량을 쏟아붓는다.

나는 강의를 할 때나 책을 집필할 때나 늘 '본질'부터 미친 듯이 파고든다. 'Why(왜)'라는 본질을 제대로 알아야 한 글자라도 책을 써 내려갈 수 있기 때문이다. 내가 이 책을 집필한 가장 본질적인 이유는 '독자들이 메타버스 시대의 성교육을 제대로 알고 실천함과 동시에 대한민국의 행복한 성문화를 만들기 위해서다.' 작게는 가정부터 크게는 사회를 변화시키려는 목표와 설레는 꿈이 있기 때문이다.

많은 사람이 알아야 해서 누구나 쉽게 공감하고 실천할 수 있는 안내서를 써야 했다. 나의 첫 책《세상 쉬운 우리 아이 성교육》이 1만 부가 넘게 나가고 꾸준히 베스트셀러로 사랑받는 이유가 바로 '본질'에 집중했기 때문이라 생각한다.

이 책은 성교육뿐만 아니라 메타버스에 대한 깊은 이해가 있어야 했기 때문에 더더욱 어려웠다. 혼자 힘만으로는 절대 역부족이었다. 무엇보다 함께하는 우리 자주스쿨이 있어 가능했다. 이 자리를 빌려 다시 한번 고마움을 전한다.

주께서 생명의 길을 내게 보이셨으니 주 앞에서 내게 기쁨이 충만하게 하시리로다 하였으므로(사도행전 2장 28절)

지난 책 《지금 해야 늦지 않는 메타버스 성교육》 에필로그에 이 말씀을 넣으며 나의 사명으로 '성의 기쁨'을 전하는 것이라고 말했다. 그때 아주 자신만만하게 이야기했지만, 본질에 대해 좀 더 깊이 있게 성찰하지 못했던 것 같다. 기쁨을 전하는 것도 중요하지만 더욱 중요한 '본질'이 있었다. 기쁨 앞에 선행조건은 바로 '생명'이다. 생명이 없는 기쁨은 속 빈 강정이나 마찬가지다. 생명을 나만의 달란트(재능)인 기쁨으로 주변에 전달하는 것이 내 사명이라 생각한다. 이 깨달음을 바탕으로 나의 사명문을 다시 작성하고 여기에 적는다.

'이석원은 삶의 기쁨을 추구하는 사람들에게 재미와 감동을 주어 활력이 넘치는 삶(생명)을 살도록 돕기 위해 존재한다.'

성교육은 내가 태어난 이유와 동시에 앞으로 살아갈 이유를 알려준다. 학생들에게 생명 탄생 교육을 하면 가장 많이 받는 후기가 "나를 아끼고 사랑해야겠다", "나를 이렇게 낳아주신 부모님께 정말 감사하다"라는 내용이다. 나는 세상에 단 하나뿐인 이 고귀하고 소중한 '생명'을 자주스쿨을 통해 전 세계 구석구석 전할 것이다.

성(性)은 세상에서 가장 넓고 깊은 학문이라 어렵고 막막할 때가 있다. 강의하다 보면 수없이 갈등하고 부딪히고 깨진다. 속상하고 진 빠지는 일도 경험한다. 말도 안 되는 이유와 항의로 갑자기 예정된 강의가 취소되는 어이없는 일을 겪기도 한다.

하지만 어떤 고난과 시련이 와도 나는 성교육을 절대 포기하지 않을 것이다. 성교육은 생명을 살리고 온 세상을 건강하고 행복하게 만드는 일이기 때문이다. 그래서 나는 내가 이 일을 한다는 것에 세상 누구보다 뼛속 깊이 자부심을 느낀다.

답답하고 막막한 상황이 올 때마다 '예수님이라면 어떻게 했을까?'라는 생각을 곰곰이 하게 된다. 그때마다 '주께 하듯 하라!'라는 말씀으로 담대하게 생명을 전하라고 하신다. 이렇게 내 삶을 전적으로 인도하시는 하나님의 풍성한 은혜와 사랑에 감사드린다. 나는 예수 그리스도가 보여주신 생명의 길을 따라 이 세상에 '빛과 소금'이 되어 기쁨과 행복을 전달할 것이다.

마지막으로 부족하고 철이 없던 아들을 이렇게 성교육 강사가 되도록 이끌어준 엄마 '송정례' 님께 깊은 감사의 말을 전한다. 물은 위에서 아래에서 흐른다. 엄마가 먼저 보여준 풍성한 사랑과 은혜 덕분에 내가 온전히 바로 서서 성교육을 할 수 있었다.

나는 내가 세상에 태어난 이유를 아주 뚜렷하고 명확하게 알기에, 매일매일이 설레고 기대된다. 바로 지금도 생생하게 꿈을 꾸며 하나씩 이뤄가고 있기 때문이다. 지금 나에게 주어진 모든 것이 은혜이자 감사다. 요즘은 '이보다 더 행복할 수 있을까? 이 순간이 앞으로도 쭉 갔으면 좋겠다'라는 설레는 생각에 잠기곤 한다.

여러분도 엔젤미남 이석원 강사의 에너지를 받아, 즐거움과 행복이 넘치기를 멋진 미래로 깐따삐야! 뿅뿅뿅! 바라고 응원한다. 이 책을 읽을 여러분에게 이 말을 꼭 전하고 싶다.

"당신에게 사랑과 행복이 뿜뿜! 넘치기를 축복합니다♡"

주께서 생명의 길을 내게 보이시리니 주의 앞에는 충만한 기쁨이 있고 주의 오른쪽에는 영원한 즐거움이 있나이다(시편 16편 11절)

우주 구석구석 '생명'을 전하는 특별한 사람

이석원

성교육·성상담 전문 기관 '자주스쿨'을 소개합니다

자주스쿨이란?

　자(自)주(主): 자유롭게 생각하고, 주체적으로 살아가다.

　자주스쿨은 유아부터 노년까지 전 생애에 걸쳐 바른 성지식 습득과 성 의식 제고를 도와 사회의 밝고 안전한 성문화 정착을 이끌어가는 성교육·성상담 전문 기관이다. 성교육의 대중화를 목표로 하고 있으며, 전국에 있는 전 연령을 대상으로 교육과 상담을 진행하고 있다.

자주스쿨 프로그램 소개

1. 개인 성교육 컨설팅

　상황에 따라 개인적인 상담 및 교육이 필요한 분들을 대상으로 전문적인 컨설팅을 진행한다. 기본적인 성교육뿐만 아니라, 성과 관련된 심리적 어려움이나 고민을 전문가와 함께 해결해 나갈 수 있도록 돕는다.

2. 소그룹 성교육

　8세부터 19세까지 2~6명의 또래로 구성된 소그룹으로 진행하는 성교육이다. 일반 성교육과 달리 교육 대상의 성장 상태, 지식수준에 따라 필요에 맞는 적절한 교육을 진행한다.

　자녀 성교육과 양육자 피드백 시간을 합쳐 총 100분 동안 진행한다. 장소는 자주스쿨에서 하거나 출장 교육도 가능하다. 교육자와 학습자 간의 상호작용이 원활해 단체 성교육보다 더 실질적이고 효과적이다.

3. 양육자 소그룹 성교육

　단체가 아닌 개인이 원할 때 받을 수 있는 양육자 프로그램으로, 최대 8명까지 진행이 가능하다. 자녀 성교육에 대한 고민이 있거나 자녀 성교육을 잘하고 싶은 양육자를 위한 소그룹 성교육이다. 지인이나 같은 지역 양육자가 소수 인원을 모으면 자주스쿨에서 또는 출장 교육으로 진행한다. 자녀의 성 질문이나 행동에 대처하는 방법과 자녀 성교육 전반에 대해 구체적으로 교육받을 수 있다.

4. 메타버스 성교육

메타버스 플랫폼을 활용해 성교육을 진행한다. 아동·청소년들이 좋아하는 메타버스를 활용해 흥미를 유발하고 성교육의 효과를 증대시킨다. 양육자들의 경우 어렵고 낯설게 느껴질 수 있는 메타버스 사용법부터 활용법까지 익히도록 한다. 아이들뿐만 아니라 어른에게도 메타버스 안에서 성에 관한 대화와 소통을 통해 메타버스의 순기능을 경험하게 한다.

5. 특강

기업, 학교, 기관 등에서 다양한 대중을 만나 특강을 진행한다. 횟수, 강의 시간, 주제는 협의 가능하다. 강의 요청자와 대중의 요구를 파악해 만족도 높은 강의를 제공한다.

6. 자주스쿨 성교육 전문 강사 양성 과정

대한민국의 밝고 안전한 성문화 확산을 위해 자주스쿨이 진행하는 성교육 전문 강사 양성 과정이다. 자주스쿨 강사뿐만 아니라 각계각층의 전문가들을 모셔 다양하고 깊이 있는 교육을 진행한다. 특히 성에 관한 민감성을 가지고 사회 흐름을 반영한 교육을 진행하기 위해 노력하고 있으며, 전문성을 갖춘 성교육 강사를 양성하기 위한 전문 과정이다.

문의

전화번호: 02-583-1230 / 카카오톡: 자주스쿨 / 유튜브: 자주스쿨
홈페이지: jajuschool.com / 네이버 카페: cafe.naver.com/jajuschool
블로그: blog.naver.com/jaju_school
주소: 서울특별시 동작구 동작대로1길 18, 307호

북큐레이션 • 내 아이를 사랑으로 키우고 싶은 부모들을 위한 책

《이제는 피할 수 없는 메타버스 성교육》과 함께 읽으면 좋은 책. 부모가 이해와 공감으로 아이에게 사랑을 줄 때 가장 건강한 가정을 만들 수 있습니다.

아들과 자신 있게 성교육하는 방법

아들아 성교육 하자

이석원 지음 | 14,300원

'아이 방에서 콘돔이 나왔어요!'
아들과 공감하며 현명하게 대처하는 성교육 지침서

양육자들은 언제나 고민이다. 아들을 키우면서 성에 대해 뭔가 생각하지 못했던 상황이 되면 불안하고 어떻게 해야 할지 고민이다. 특히나 여성 양육자는 성별이 달라서 아들의 신체 변화에 대해서는 더욱 난감하다. 이 책은 남자아이와 성을 주제로 소통하는 방법을 담고 있다. 양육자들이 성교육에 관해 궁금해하는 것들을 질문과 답변 형식으로 풀었으며, 성에 대한 아이들의 궁금증 또한 해소해 주는 종합안내서다. 몽정과 자위부터 포경수술, 콘돔, 성표현물 시청 등 주제별로 아이와 어떻게 대화해야 하는지 알려준다.

딸과 현명하게 성교육하는 방법

딸아 성교육 하자

김민영 지음 | 14,300원

'아이의 알몸 사진이 인터넷에 돌아다니는데 어떡하죠?'
잘 배운 성교육이 우리 아이를 지킨다!

이 책은 성교육의 필요성을 느끼고 있지만, 여전히 딸과 성 이야기를 꺼내는 것이 민망하고 어려운 양육자들을 위해 성교육 방법을 솔직하게 담아냈다. 유치원에서 옷을 벗고 놀았다는 아이, 월경을 너무 두려워하는 아이, 자위를 하는 아이, 섹스와 임신에 대해 궁금해하는 아이, 자신의 음순 모양을 걱정하는 아이 등 우리 아이가 궁금해하고 느끼는 성에 대해 자연스럽게 필요한 답을 해주는 방법과 언제, 어디서, 어떻게 일어날지 알 수 없는 성범죄 예방법과 대처법을 통해 아이 본인이 스스로 자신을 지켜나갈 힘을 길러주는 방법을 담아냈다.

세상 쉬운 우리 아이 성교육

이석원 지음 | 13,800원

**아이의 거침없는 질문에 난감한 부모들을 위한
난생처음 내 아이 성교육하는 법!**

상황별 대처 방법
일곱 가지 수록

저자는 엄마인 여자는 절대 모르는 아들 성교육하는 법을, 남자인 아빠는 절대 상상할 수 없는 딸 성교육하는 법을 하나부터 열까지 친절하게 설명한다. 아들의 몽정과 자위를 엄마가 알고 딸의 생리를 아빠가 알게 된다면 저녁 식탁에서 가족들이 자연스럽게 성관계와 성 평등, 아이들의 성문화까지 이야기하는 분위기를 이어갈 수 있다. 저자는 성교육의 필연성을 주장하는 데 그치지 않고 신뢰할 만한 근거와 통계를 담아 최신 트렌드를 반영한 성교육의 실전을 들려준다. 유아부터 10대까지 한 권으로 끝낼 수 있는 부모 성교육 교과서라 할 만하다.

지금 해야 늦지 않는 메타버스 성교육

이석원, 김민영 지음 | 16,000원

**"현실이 아닌 가상 세계도 성교육이 필요하다고요?"
다가오는 메타버스 세상을 대비한 성교육 지침서**

미래를 대비하는
메타버스 성교육

전국의 양육자와 아이들에게 수천 회 동안 성교육을 진행해왔던 '자주스쿨' 이석원, 김민영 대표가 이제 메타버스에서의 성교육을 가이드한다. 양육자들이 메타버스에 관심 가져야 하는 이유와 함께 아이들이 메타버스에서 올바른 성 인식을 갖도록 '알파 세대에 맞춘' 성교육을 일목요연하게 설명한다. 메타버스와 성교육……. 양육자들이 어색해하는 두 가지가 합쳐졌다. 그러나 두려워하지 마라! 이 책과 함께 시작하면 어렵지 않다. 무엇보다 지금부터 메타버스 성교육을 진행해야 더욱 발전할 메타버스에서 아이들이 안전할 수 있음을 꼭 기억하길 바란다.